U0596826

文
明
研
究

5

文明的命运

阮炜　著

Civilizational Studies

当东方遇到西方

中国出版集团　东方出版中心

图书在版编目（CIP）数据

文明的命运：当东方遇见西方 / 阮炜著. 一上海：
东方出版中心, 2024.4
ISBN 978-7-5473-2385-4

Ⅰ.①文… Ⅱ.①阮… Ⅲ.①东西文化－比较文化－
研究 Ⅳ.①G04

中国国家版本馆CIP数据核字(2024)第077424号

文明的命运：当东方遇到西方

著　　者　阮　炜
策　　划　万　骏
责任编辑　张馨予
封面设计　钟　颖

出 版 人　陈义望
出版发行　东方出版中心
地　　址　上海市仙霞路345号
邮政编码　200336
电　　话　021-62417400
印 刷 者　山东韵杰文化科技有限公司

开　　本　890mm×1240mm　1/32
印　　张　7.375
字　　数　135千字
版　　次　2024年4月第1版
印　　次　2024年4月第1次印刷
定　　价　66.00元

序

近二十年来，随着中国的崛起，"文明"成为一个高频词。而讲到文明，又很难避开"文明的冲突"这个话题。东方与西方的冲突、中国与美国的争端、伊斯兰世界与欧美社会的矛盾等，更不用说非常容易使人兴奋的贸易争端、科技战、金融战等，统统属于文明冲突的范畴，是国际政治、国际经济和军事学的研究对象。文明研究明显不同。它固然对形形色色的文明冲突感兴趣，但也关注文明概念的含义、文明的起源、文明间的力量消长及原因、各文明的精神形态和基本特质，即本书中的"文明规模""文明力""文化-技术能力"，以及"基本特质"等概念。[1]它一直采用一种后来被称为"全球史"的进路，重视文明间从古到今的联系和互动，甚至关注各大文明的未来走势。

---

[1] 关于"文明规模""文明力""文化-技术能力"，参见本书"释义"部分的相关条目。

战争式的文明冲突（遑论所谓"文明大战"）当然更能吸引眼球，但文明研究不能一味蹭热点，而应有更大的视野、更大的格局。几千年来，各文明之间一直发生着和平交流——技术、理念、习俗和宗教层面的种种交流。这不是热点，不太可能引人注目。但正是在这种交流中，一个文明借鉴并吸纳其他文明的长处，以弥补自己的短板。也正是在这种交流中，人类总体生存状况不断得到提升，并演进至当今形态。所以，文明研究不同于通常意义上的历史研究、哲学宗教研究、民族史研究、民俗研究、国际政治、国际经济或文化研究等，而是一种跨学科和比较性、综合性的学问。它是长时段的，考察从古到今各大文明的历史、哲学、宗教、社会、政治、文学艺术等的总体状况，或者说，基于既有理念框架，对这一切加以总体性的分析、鉴别和评判，包括价值评判。它当然会利用各领域具体研究的成果，但是主要关注各大文明的基本特质、规模性、从古到今的互动，尤其关注文明要素的扩散、文明间的关系及其对历史大趋势的影响，从中揭示出规律。

很明显，文明研究的根本目的是鉴古知今，使日益走向世界的中国人对世界有一个更深入、更准确的认知和把握。文明研究若能使一特定文明更清楚地认识其他文明，并以之为鉴更清楚地认识自己、丰富自己、提升自己，最终丰富乃至提升人类精神和物质状况，它的目的就算达到了。文明研究不像贸易争端、科技战等那么直截了当，那么容易把握，而是更深沉、宏阔，但这并不代表它与当下无关。文明研究与当今每个个人及其子子孙孙的生命息息相关。在这个山雨欲来风满楼的时间节点，尤其如此。

可是，"文明"究竟为何？它既是一种跨世代的思维-信仰模式，也是一些秉有特定思维和信仰模式的人类集群。换言之，不仅有生命形态的文明，更有共同体的文明。文明是人类进入城市生活阶段的产物，往往有辽阔的疆域、庞大的人口和经济规模，涵括多个族群、多种语言，有发达的宗教、哲学、文字、文学、艺术、科技（不一定是现代科技）传统，更有发达的政治形态、法律体制、经济组织、社会组织和军事组织，以及与这一切相对应的物质表现形式。文明有其意志要表达，有其使命要完成。任何一个文明都有其优长和短板，都应给予恰当评价。现存文明都是一些庞然大物，均由较小的文化-政治实体融合而成，甚至会表现出一种整合为更大的共同体即地缘共同体的趋向。

风物长宜放眼量。判断一个文明的格局大小，不能以一时成败论英雄，而更应看其规模性和潜在力量。曾几何时，亚述人、迦勒底人、马其顿-希腊人、罗马人、匈奴人……所向披靡，威震八方，可这并不代表这些民族拥有真正的文明规模和巨大的潜力。作为历史文化共同体的西方固然拥有强大的力量，其军力在 18 世纪初至 20 世纪中叶一度大大超过非西方社会，有大量殖民地、多个殖民帝国，攫取了整个美洲、澳大利亚和非洲、亚洲很大一部分土地，甚至直至今日，其基于先进科技的军力仍相当强大，但是，这一切并不意味着今日西方不处在相对衰落、东方不处在持续上升的通道中。今天，历史上存在过的文明大多已不复存在，而更多"原始社会"尚未演变为文明便消失了，不可以将它们视为失败者。作为经济、政治和文化实体，它们固已消亡，但其曾经的经济政治活动和文化创造，已然给人类总体演进打上了不可磨灭的印记。甚至在种族意义上，它们也没有真正死去，而仍然活在后起的族群中。在文化和种族的双重意义上，那些看似已不存在的文明或历史实体，实已为人类总体演进做出了重要贡献。没有这些贡献，当今人类和当今世界将面目全非。

尤其不可假定"修昔底德陷阱"不可避免，文明之间、大国之间必有一战。预言往往会自我实现，非常可怕。从人类前途着眼，大国之间若彻底撕破脸皮，相互摧毁，就是人类末日。人类进化了数百上千万年，创造出了无比辉煌的文化和科技，最终归宿竟是在一场旷世冲突中种属灭绝？地球生态圈及其中的智慧生命发展出了如此神奇的技术，最终命运竟是一触按钮，便自我毁灭？人类竟无一种更高远的使命，如向地外星体扩散，利用目前根本无法想象的恒星能量，形成一个太阳系文明，甚至一个跨星系文明？对于这些问题，文明研究不可能提供一个确切的答案，却能起到警醒作用。

读者也将发现，所谓"文明研究"很大程度上也是"西方研究"，或"西方学"。西方学术语言中有"东方研究""汉学""中国研究"等说法，可迄今为止，汉语中仍不见相对应的"西方研究""欧洲学"或"美国学"等概念的流行。这不公平。之所以如此，最根本原因在于，迄于今日，东西方之间力量仍不对等；也在于新文化运动以来，西方思想及学术大举进入汉语世界，其观点、方法、价值观被用来观照、阐发和研究中国问题，大大改变了汉语世界的既有认知主体，既扩大了汉语世界中人的思想视域，深化和扩展了其认知框架，也削弱了其本有的精神特质，因而使主客关系发生了混淆和紊乱，以至于时至今日，当西方及其思想、学术比以往任何时候都更应被当作认知客体来对待，比以往任何时候都更不应该被顺从、盲信时，竟难以做到。兹举一例：外国文学研究界的西方文论究竟应是一种基于自身主体性来译介、利用的学术成果，还是一部汉语世界的复读机，变着法子复述西方话语？这里主客关系是不清不楚的，本应是客体的东西僭居主体地位。

正是在此，"西方研究"这个概念的价值突显出来。西方研究是基于汉语世界中人的认知框架来认识、研究西方及其思想、学术的学问，与产生于西方，貌似客观，却携带着西方价值观、立场、观点和方法的西方思想及学术大异其趣。当然，呼吁使用"西方研究"这个概念，并非意味着在此之前，我国学界不存在这种学问，或者说晚清以来，中国学人从来就没能把西方及其思想和学术当作认知对象来对待，从来就缺乏主体意识，从来就甘当西方话语的奴隶。至少至 2000 年代初，无数中国学人所做工作大体上仍是基于自身主体性的西方研究。中国学人对西方哲学、宗教、历史、文学、语言、政治、社会、经济、法律和艺术等方方面面的考察、分析，包括笔者本人长期从事的英国小说研究等，正是这样的学问，因认知上的误区，也因国别分类和学科方向等缘故，才未获得"西方研究"之地位。应看到，晚清至民国再至新中国，尽管汉语世界中人的认知结构和知识域发生了天翻地覆的变化，其精神自主性大体而言是强健的，西方知识大体而言是被置于客体地位的，但大概自2000年代初以来，因实行对外开放的总国策已有二十来年，再加"入世"等因素，国门越开越大，学界（尤其是外国文学研究界）对西方学术话语的接受、认可乃至拥抱也渐渐达到了一种荒谬可笑的程度，以至于全然混淆了主客之别，全然忘记了自身的主体地位——这里最触目惊心的例子莫过于动辄将不一定具有古汉语阅读能力的西方从业者称为"汉学家"，将其成果视为行业圭臬，好像汉语不是中国人的母语，而是西方人的母语似的——全然忘记了对中国人而言，西方及其思想和学术终究只是认知对象。

所以，从业者不可忘记，西方及其思想和学术终归只是认知客体，只是学习、研究和借鉴的对象，甚至还可不分国别、学科，将其作为一个整体来研究。虽只有入乎其内，才能超乎其外，从业者却不可以在吸纳利用西方思想和学问的过程中，丧失自身主体性，沦为此认知客体的俘虏，而应切实将其作一个对象来对待，对之进行从微观到宏观的解析、观照和把握。从业者尤其不可以价值中立，对认知对象不作价值判断，而应基于中国文化既有的理念和认知框架，对之加以阐释、鉴别和评判，包括价值评判。在国力迅速上升的情况下，这应该不是什么难事，至少比相对孱弱时容易。这里，宋明新儒家是好榜样。周敦颐、张载、程颢、程颐、朱熹、陆九渊、王阳明等出入佛老却不为佛老所制，而是统摄佛老为我所用，借此建构起"新儒学"即理学心学，对后来中国乃至整个东亚思想产生了重大影响，在现代化运动中发挥了关键性作用。总之，从业者要强化自身主体性，而要强化自身主体性，又必须切实地把认知对象当作一个对象来对待。但只有切实地把对象当作一个对象来对待了，才能真正强化自己的主体性，提升自己的精神水准，自立于世界学术之林。

目录

释　义

文明

既指一特定人类集群，也指该人类集群所特有的生活方式。具体说来，文明是人类进入国家阶段和城市生活的产物，不仅有特定的社会政治形态、哲学、宗教、语言文字、文学艺术、建筑、习俗等，而且往往拥有较大的人口、经济和疆域规模，往往涵括多个较小的政治实体。

文化

特定人类群体的生活方式，包括其世界观、信仰、文学艺术、习俗制度、社会规范等。

文明规模

指一个文明基于特定自然条件和地理格局，所拥有的人口数量、经济体量、疆域面积之可计量的规模性与其精神成果积累、社会政治整合力、科技创造力和军事力这种种文化-技术能力（详下）的总和。也称"文明的规模性"。

人口规模

影响一个文明的规模性和总体能力的关键要素；从严格意义上讲，指在相同或相似价值观和社会政治认同的基础上形成凝聚力的大量人口，而非处在一强权国家的统治下、价值观和社会政治认同并非一致的巨量的"臣民"。

文化-技术能力

指一个文明的精神成果积累、社会政治整合力、科技创造力和军事力的集合，与一个文明数字意义上的规模性即人口数量、经济体量、疆域面积相对。

文明力

指一个文明的规模性中所蕴含的一种类似于"综合国力"的总体能力，意味着其长时段的和潜在的总体力量，不可与表现在特定历史时期的文化-技术能力相混淆。

希伯来主义

英文为 Hebraism，也译为"希伯来精神"，指古代希伯来–犹太人、三大经书宗教的信徒所特有的思想、精神和行为倾向，包括严格的唯一神信仰、强烈的道德意识、唯我受上帝眷顾的"选民"观，以及相应的非此即彼的思维倾向和真理独占的心理倾向。

绪言

2009 年 1 月，中国海军编队赴亚丁湾、索马里海域执行护航任务。该事件在国内媒体和舆论界并没有引起太多注意，但屈指算来，却是郑和舰队"下西洋"六百多年以来，中国军队第一次出现在西亚东非海域。2015 年 5 月，中国俄罗斯海军在地中海海域举行了代号为"海上联合-2015(1)"的联合军事演习。这是中国军队有史以来第一次出现在欧洲水域。越来越多的人将认识到，这些都是标志性的文明史事件，而事件的背后，是中国总体力量的巨大提升。

这就是为什么国际媒体最近开始谈所谓"中国秩序"，中国成为"头号国家"[1]。诺贝尔奖得主斯蒂格利茨甚至夸张地宣

---

[1] 参见日本学刊《外交学者》2014 年 11 月 20 日文，《印度有必要加入亚洲新出现的"中国秩序"》，观察者网 2014 年 11 月 21 日发布，下载时间 2019 年 7 月 19 日。

称，2015年世界进入"中国世纪"。[1]2020年，全球新冠肺炎疫情暴发后，中国迅速控制住了局面，仅用三个月时间便扭转了经济下滑的局面，在全球主要经济体中唯一实现了正增长。相比之下，西方国家却普遍失控，经济普遍严重下滑。这必然使全球经济重心进一步向中国倾斜。故有论者说，"中国时代"已经到来。[2]凡此种种并不令人意外。经济力量固然不可等同于军事、政治、科技和文化力量，但最终将转化为其他形式的力量，却确然无疑。中国人当然不能被胜利冲昏了头脑——人均GDP与欧美日仍相距甚远，国家、社会和环境治理仍有大量问题亟需解决，国民科学和人文素质仍亟待提高——但中国已成为一个全球性大国，国际地位今非昔比，却是一个千真万确的事实。

全球权力关系既然已发生了如此巨变，而且不难想见，这种变化越到后来便越明显，一个大课题摆到了中国人面前：摆脱一百多年来弱者、受害者的自我定位，逐渐学会扮演一个全球性大国的角色。甚至可以说，扮演这样的角色，是中华文明不得不接受的一种命运或历史角色。现实和潜在的巨大力量摆在那里，是不可否认、不可逃避的，只能接受！但要学会扮演这种全球性大国角色，首先必须弄清楚，中国究竟在何种意义

---

[1] 斯蒂格利茨，《这是中国世纪，美国应放弃遏制中国》，澎湃新闻2014年12月9日发布，下载时间为2019年7月19日。
[2] 矩阵资本公司合伙人帕维尔·捷普鲁欣语，《俄新社莫斯科2020年12月22日电》，载《参考消息》2020年12月27日第一版。

上已然是一个大国，以及今后在若干年内，中国在哪些方面还应该有更大的作为。除了"五常"身份、超大人口规模[1]、巨大经济总量和可观的文化−科技能力[2]等显而易见的事实外，还得看清中国在其他方面已然取得和将要取得的成就，以及正在发挥和将要发挥的作用。

据世界银行数据，按购买力平价计算，2014年中国GDP就已超过美国，成为全球第一大经济体。据《中国经济周刊》，近年来我国对外投资一直高速度增长，及至2012年底，对外直接投资累计存量已达到5319.4亿美元，2014年对外直接投资或超过了利用外资规模，及至2020年代初，更将达到1万亿美元。另据《金融时报》预测，至2030年，中国债券市场将由目前3万多亿美元的规模增长至32万亿美元，整个亚洲金融体系规模可能比美欧加起来还大；2040年以后，中国经济规模可能两倍于美国；及至2050年，以中国为首的亚洲金融体系规模可能是西方国家的4倍还多，中国在全球GDP的占比将达三分之一。

据《光明日报》，近年来我国科技体制改革有很大的推进，大型科技仪器设备将向社会开放，高精尖科技将成为全社会共享资源；知识产权保护力度的加大，使我国专利申请数跃居世界首位；增大了科技研发投入，研发经费投入超过1万亿元，位列世界前三，经费投入强度更突破2%，超过欧盟。不仅高

---

[1] 参见本书"释义"部分"人口规模"条目。
[2] 参见本书"释义"部分"文化−科技能力"条目。

铁技术雄冠全球，探月工程、北斗工程、大飞机工程等也顺利实施，更有天河二号计算机连续四年居世界超级计算机之首。相比之下，近年来美国科技创新萎靡不振，重要的科技公司不得不把主要研究机构设在中国，而实验室科技人员又大多为中国人，这只可能进一步加强中国的科技研发能力。

国力的巨大增长必然带来地缘政治力量的变化，多年来西方主导的国际秩序也不可能继续稳如磐石，一点也不松动。实际上，早在 1996 年，便成立了上海合作组织，宗旨是维护和加强地区安全与稳定，推动建立民主、公正、合理的国际新秩序，打击一切形式的恐怖主义、分裂主义和极端主义。这是近代以来第一个由中国主导的具有政治军事属性的国际组织。有论者说，近年来，上合组织已不只是一个中亚俱乐部，而正在获得全球影响力。

同样重要的是，2002 年中国和东盟签署了中国－东盟自由贸易区框架协议，该自由贸易区于 2010 年正式成立，在 2020年底之前，是世界最大的自由贸易区，拥有 19 亿人口、GDP接近 6 万亿美元，不仅有直接经济意义，对于中国与东南亚关系更有长远政治意义。但还将有更大的事要发生，此即 RCEP的签署。

如果说上合组织的重心在中亚，中国－东盟自由贸易区的重心在东南亚，那么金砖国家组织、亚信会议（包括亚洲大陆所有国家，甚至土耳其和埃及）、中日韩三边委员会等机制则表明，中国力量所及，已远不止周边区域，而已经扩展到全球。这些机制有一个共同点，即中国在其中发挥主导作用。

早在 2006 年，中国便获得了南亚区域合作联盟观察员身份，现正对南亚国家产生强大的经济影响。

与上述机制相呼应的，是中国金融力量的全球展现——上合组织开发银行、金砖国家开发银行、亚洲基础设施投资银行（亚投行），以及一带一路基金会的创建都说明了这一点。众所周知，成立亚投行是中国的倡议，目的是为亚洲巨大的基础设施需求提供资金，截至 2020 年 7 月，亚投行已有 102 个成员，除中国以外，还有东盟所有成员国、印度、巴基斯坦、哈萨克斯坦、卡塔尔等中亚、南亚、西亚国家和新西兰。

此外，早在 2014 年 APEC 峰会上，中国作为东道国，便把会议主题设置为"共建面向未来的亚太伙伴关系"，对美国主导把中国排除在外的"亚太自贸区"进行了有力的反制，着着实实开始展现全球领导力。

更重要的是，2020 年 11 月 15 日，经过多年谈判，中国与东盟十国、日本、韩国和澳大利亚等国签署了"区域全面经济伙伴关系"，即 RCEP。这将成为全球最大自由贸易区，总人口约 22 亿，GDP 总量将超过 20 万亿美元，占全球 GDP 的约 30%，占全球贸易总额的约 25%。由于中国占 RCEP 份额超过 50%，世界经济重心因之将进一步向中国倾斜。2020 年 12 月 30 日，中国、德国、法国和欧盟领导人同时宣布，如期完成中欧投资协定谈判（尽管后来此协定的落实因故暂停），再加上加入 RCEP 的国家中有美国的重要盟友日本、澳大利亚，可以说，近年来少数西方人竭力推动对华新冷战的企图破产了。

很大程度上正是这种骄人的成就，一些西方媒体和智库好几年以前便认为，中国的崛起"挑战"了西方当前国际秩序。[1] 然而事实是，中国是现有国际秩序的维护者，而非挑战者。考虑到1978年以来中国经济从现有国际经济秩序中得益颇多，中国的经济腾飞很大程度上靠的是这种秩序，就更是如此。但另一方面，如果西方主导的现有秩序在很多方面不公平不合理，为什么不能有所改变？为什么不能在现有秩序的框架内，按照各国普遍接受的游戏规则，渐进、和平地对之进行一些补充、修正和改造，以形成一种新的秩序，一种更公平、更合理、更仁慈、更少霸权气的秩序？这当然不是什么"中国秩序"，而是世界秩序。

怎么强调也不过分的是，新秩序的形成是一个漫长的过程，一个跟美国为首、依然强势的西方长期博弈的过程。因此，中国应尽一切可能维持一种长期和平竞争的格局，尽一切可能避免恶性竞争和冲突，让世界各国尤其是周边国家从中国崛起中获益，而非受损。毕竟，在可见的将来，建立在强大经济、军事、科技和文化力量尤其是美欧日等军事联盟基础上的西方秩序不可能根本动摇，更何况中国的崛起很大程度上就靠的是这种秩序。

---

[1]《美国面临敌对国发动的"混合战争"》，载《耶稣全球化》2016年1月12日，环球网以《美媒：中俄挑战当前国际秩序，中国更可能成功》为题转载，2016年2月3日发布，下载时间为2019年7月20日。

这就意味着，尽管现有国际秩序明显不公——除了美国在诸多关键国际机构如联合国、世界银行、国际货币基金组织、WTO 等中拥有极大的权力，欧盟在几乎所有国际机构中的代表权都过大；在 2009 年 4 月召开的 G20 伦敦峰会上，欧盟除了有正式成员英国、法国、德国、意大利之外，还有欧洲委员会、捷克（欧盟主席国）、西班牙和荷兰出席，遑论世界贸易组织、国际货币基金组织、金融稳定论坛的主席职位均由欧洲人士担任；而中东和平四方集团之所以如此低效，一个重要原因在于它实际上是由六方组成的，除联合国、美国和俄罗斯之外，欧盟竟有三个代表：欧盟理事会秘书长索拉纳、对外关系委员和轮值主席[1]——针对上述局面，中国若能循序渐进地修正它，改造它，更深入地参与区域合作及其他国际合作机制，采用一种更低调、仁慈的对外政策，与各国尤其是发展中国家一道推进建设，互联互通，共荣共赢，中国从中得到的好处将远大于对峙、冲突和对抗。

新秩序的形成固然是一种国际政治，但最大的国际政治却是在国内，而非国外。这一点怎么强调也不过分。很清楚，蕴藏在民族中的巨大文明力[2]只有在制约中国进一步崛起的各类社会矛盾、环境治理问题等问题得到解决后，才可能充分释放出来。只有在此之后，只有在巨大的经济、科技与文化潜能转

---

[1] 参见《区域全面经济伙伴关系》词条，载"百度百科"，下载时间为 2021 年 7 月 12 日。
[2] 关于"文明力"的含义，参见本书"释义"部分有关条目。

化为现实国际政治力量之后，两三百年来西方主导的世界秩序才有可能根本改变，国际舞台上的中国才可能真正不再被动，民族复兴的任务才可谓真正完成，中国与其他所有国家共存共荣的局面才可能真正到来。

但一个吊诡的现象是，一方面当今中国正迅速崛起成为一个全球强国，另一方面不少国人继续沉溺在一百多年前被动挨打的受害者心态，这种心态不仅很大程度表现为对周边国家不能做到宽宏大量，也表现在为数不少的知识分子仍一如既往唯洋是崇，有意无意地贬低自己的国家、自己的文明和传统文化。事实上，不少高校领导，不少学界、文艺界和媒体界人士的眼光依然滞留在过去，通过种种错误甚至荒谬的政策、观点、影视作品等潜移默化地影响国人，使其认识不能与时俱进，甚至仍然停留在二三十年以前。如此这般，如何培养大国心态？如何学习扮演一种全球大国强国的角色？

中国受过欺负，贫穷落后过，甚至现在仍然落后于西方。但是，与数千年卓越的表现相比，1840 年至 1901 年这六十来年的屈辱和低落是短暂的。更重要的是，中国有巨大的文明规模、强大的文化-技术能力，更有着基于这种规模和能力的和平主义民族性格。这一点只要与西方扩张中的打家劫舍、攻城略地、烧杀抢掠的野蛮行径作一个简单比较，便一目了然。当今世界所最需要、最宝贵的，莫过于这种和平主义的文明品质。

的确，急剧发展带来了各方面的严重问题，必须通过结构性的改革来加以解决，但无论如何，知识分子应当看清楚一个结构性的文明史事实：中国是一个天生大国，对于人类文明的健康发展和繁荣昌盛，负有命定的责任，不仅两千年来一直如此，不仅当前如此，在可见的未来仍将如此。这是一种不可逃避的命运。这是一个不可推卸的历史角色，一种给世界提供其所应该提供的、与其力量相匹配的公共产品的国际责任。这一点，越往后越清楚。

因此，当今中国应当有一种新的思维，应当在和平发展和壮大中，表现出与自己力量相匹配的责任心，尤其要意识到自己作为一个未来全球领导者——一个温良、谦和、仁慈的领导者，一个公平、公正、平等地对待地球上所有民族的领导者，一个并非动辄就搞"非友即敌"（如美国前总统乔治·布什所说"Either with us or against us"）、称王称霸的领导者的使命。尤其不能继续扮演那种很大程度上是自我强加的角色：一个依然沉溺在往昔屈辱之中不能自拔的受害者角色，一个因自己被欺负过所以认为欺侮一下弱小国家乃天经地义的小霸王角色（这从网上大量不健康言论可以看出），一个被民族主义心态束缚，全然忘记了一个伟大文明所应有气度的受气包角色。

不言而喻，一个民族有何种自我形象，就会有相应的心态和行为；一个民族有何种自我定位和自我期许，就会有这种定位和期许所决定的自我实现，其他民族也会根据该民族的自我形象、自我定位和自我期许来认识它，看待它，与它打交道。因为，自我形象很大程度上就是自我本身。如果一个民族习惯于把自己想象成一个强者，它就很有可能成为一个事实上的强者。如果一个民族习惯于把自己想象成一个领导者，即便目前它还不是一个严格意义上的领导者，也会努力去做领导者，将来就极有可能成为一个领导者，甚至成为一个让世界心悦诚服的真正的领导者。

反之，如果一个民族在其思维中老是把自己想象成一个受害者、弱者，它就很可能永远是这样一个受害者、弱者。如果它总是把自己想象为一个受气包，就会有意识无意识地去适应和扮演这样的自我形象，就会有意识无意识地把这一自我形象套在自己身上不愿摈弃。如此这般，这个民族哪还有做一个引领者的样子？未来情势果真要求它肩负起与自己力量相匹配的国际责任时，以这样的心态，能从容地进入角色？问题是，在未来世界民族之林，中国注定是一个引领者，甚至可能是全球最重要的一个引领者。

今日中国仍走在复兴的道路上，任重道远，应一如近代以来那样，继续引进一切行之有效的理念和制度，持之以恒地改革、创新、精进。唯其如此，中华文明的和平主义品性才可能真正彰显出来。唯其如此，中华民族才可能真正让全世界心悦诚服。今日中国既然有一个新的历史角色要担当，就得有一种与该角色相适应的新思维，就得有一个新的自我形象。这应是一个自信的形象，一个在心平气静中承担与自己力量相配的责任的形象，一个在不卑不亢中担当其历史使命的形象。

上 编
当东方遇到西方

文明的命运

一

　　进入 21 世纪，中华文明的复兴作为一个板上钉钉的事实，成为世界媒体上镜率最高的新闻话题。但较少为人注意的是，文明的复兴是一个持续已久的过程，而不是近年来才有的新情况。正如西方的崛起并非从鸦片战争时才开始，而在 16 世纪便已肇端那样，中国的复兴也早在一百年前辛亥革命便开始了。这个过程大致可以分为三个阶段。1900 年义和团运动失败，中国的国运下降到最低点，但不久之后便发生了辛亥革命，此后 20 年内大部分治外法权被废除，此为第一阶段。1949 年至 1978 年为第二阶段，其间中华人民共和国建立，所有外国租界被收回，"丧权辱国"的耻辱得到洗雪，工业现代化也初步实现。1979年至今为第三阶段，其间中国国力得到巨大提升，以一个经济、政治和军事强国的面貌出现在世界面前，两百年来西方主导的力量格局开始发生根本动摇。

即便在内战频仍的1920年代，清政府与列强签订的很多不平等条约便已被废除；英法等主要列强虽然仍享有治外法权，但国民政府颁布新法典，签订新条约，将许多次要国家的国民置于中国司法权的管治下。至1933年，我国关税自主已完全实现，外国租界从三十三个锐减至三个。此后至1949年，因抗日战争和国内战争无暇顾及余下的不平等条约，但中华人民共和国建立后，所有外国租界均被收回，治外法权亦自动废除（1949年广东解放时，中国可顺势从英国手中收回香港，但党中央从长计议，决定暂不收回，这与1962年印度用武力从葡萄牙殖民者手中收回果阿形成了鲜明对比）。尤其值得注意的是，1945年联合国筹备和成立，中国与美、苏、英、法一道成为主要发起国，中国成为安理会常任理事国之一。可见，中国因有巨大的文明规模，是个天生的大国，外敌入侵和内战虽然导致国力暂时虚弱，可是一旦重获实质性的政治统一，并因为这种统一，就能一定程度地恢复其历史上的崇高地位，至少在政治象征层面如此。

1949年，中国在中国共产党的领导下推翻"三座大山"，迎来人民共和国的诞生，从此彻底摆脱了被列强欺凌宰割的命运，自立于世界民族之林。之后虽经曲折探索而有波折，但我国工业化仍然取得了可观的成绩。也正是在此期间，1950—

1953 年中国人民志愿军入朝作战，抗击以美国为首的"联合国军"，成功将帝国主义列强逼上谈判桌，签下停战协定，鸦片战争以来中国第一次在境外军事行动中获得重大胜利；1954 年我们向越南提供军事援助，帮助越南打赢了奠边府战役，将法国殖民者驱逐出越南；1965 年至 1975 年期间大规模地向越南提供军事援助，帮助越南抗击美国入侵，最终将美军逐出中南半岛；1971 年，中美关系解冻，以美国为首的西方国家纷纷主动承认中国为一支极重要的地缘政治力量。1978 年十一届三中全会后，中国更是走上一条高速发展的道路，其后综合国力急剧上升，不仅完全解决了国家主权不受侵害的问题，在经济、政治、技术乃至文化方面也开始对世界产生强烈冲击，中西力量对比格局开始发生深刻变化。近年来国际学界和主流媒体密切关注中国的复兴，反观其历史上长期享有的主导地位，甚至以"领导者国家""天生的伟大国家"一类说法来描述中国。

问题是，为什么世界力量格局在如此短的时间内便发生了如此深刻的变化？这得先看看西方在 1500 年以后是如何取得其霸权地位的。众所周知，西方大国主要是借着现代资本主义所带来的巨大生产力，才在文明互动的格局中获得巨大权力的。这样就产生了另一个问题：为什么西方文明率先开出了现代资本主义？是因为西方人拥有优秀的种族基因，还是因为西方文明拥有难以复制的优秀品质？显然不是这样。若真是如此，西方就不会衰落了，而各种数据却清楚地表明，一百年多来西方一直在走下坡路。西方即便率先开出了现代资本主义，从根本上讲，这也是作为整体的人类文明、一个前现代"世界体系"长期发展的结果，而在作为整体的人类文明中，在此世界体系中，中国一直是主角。

据相关统计，西方政治控制下的领土所占世界比例在 20 世纪初便达到峰值，即 38.7%。之后逐渐下降，到 20 世纪末，只剩下 24.2%。西方政治控制下的人口所占世界份额也在 20 世纪初达到峰值，即 44.3%。之后逐渐下降，到 20 世纪末，只剩下 13.1%；至 2025 年，更可能降至 10.1%。同样，西方在世界经济总量中所占份额由 1950 年的 64.1% 下降到 1992 年的 48.9%，因受肇始于美国的金融危机的严重影响，及至 2025 年，更可能降至 30%。恰成对照的是，中国由弱变强，一直稳步发展，持续不断地向前推进，因体量的缘故，近十年来这种发展和推进所产生的冲击越来越明显。若用毛泽东的大白话来概括中西之间的力量消涨，这正是"东风压倒西风"。诚然，"东方压倒西风"仍然是现在进行时，一个尚未完成的过程，但作为一种趋势，却是毋庸置疑的。

二

在中国暂时低落的年代，尤其在 1840—1910 年期间，西方论者似乎全然忘记了中国在历史上大多数时候拥有崇高地位这一事实。地缘政治论者显然属于这类人。1904 年，英国人哈福德·麦金德（Halford John Mackinder）发表了《历史的地理枢纽》一文，认为世界历史可以从地缘政治的角度解释为海权和陆权的对抗；东欧（俄国）和亚洲内陆是"世界之岛"（亚欧大陆）的战略中心；在全球地缘政治的格局中，海权与陆权对抗的主角自然是大英帝国和沙皇俄国。[1]在小册子《民主理想与现实》（1919）中，麦金德进一步阐述了他的观点，表达了对德国控制亚洲中部之"心脏地带"的恐惧，认为英美两国的作用是努力争取在"心脏地带"各强国之间保持平衡。为此，他提出了风靡一时的格言："谁统治东欧，就控制心脏地带；谁统治心脏地带，就控制世界之岛；谁统治世界之岛，就控制整个世界。"[2]另一个地缘政治论者德国人卡尔·豪斯霍弗尔（Karl Ernst Haushofer）是麦金德的追随者，几乎全盘继承了其海权–陆权对抗说和"心脏地带""世界之岛"等概念。可是豪斯霍弗尔认为，德国实现其超级大国梦想的头号敌人并非俄国，而是英国，因此主张德国与俄国结盟。学界一般看法是，在整个"第二次世界大战"（其实是第二次欧洲大战）期间，豪斯霍弗尔都在为德日两国谋

[1] Peter J. Taylor, *Political Geography: World-Economy, Nation-State and Locality*, London: Longman, 2003, p. 38.

[2] Taylor, *Political Geography*, p. 39；杰弗里·帕克，《地缘政治学》（刘从德译），北京：新华出版社 2003 年，第 29—30 页；《简明不列颠百科全书》（12 卷本），北京：中国大百科全书出版社 1992 年，卷 5，第 685—686 页。

求世界霸权充当理论家、宣传家。他与纳粹德国副元首鲁道夫·赫斯关系密切，通过赫斯影响希特勒本人，后者在《我的奋斗》（1925）中引用了"东欧""生存空间"和"东进"等重要的地缘政治概念。[1]但纳粹当局并没有采纳豪斯霍弗尔与苏联结盟的主张，而是首先发动了对苏战争。

显然，在西方理论家眼中，英美与俄国是不可置疑的主角，中国不仅位处边缘，甚至可以忽略不计。可一旦置于更广阔的文明史视野，或采用一种更宏大的时间尺度，这种理论的短视便暴露无遗，甚至显得很可笑，很荒谬。它之所以是短视的，是因为理论家出于本国争夺全球霸权的考虑，对地理位置和疆域大小之外可能影响文明间力量对比的至关重要的因素竟视而不见。他们根本不考虑一个文明是否有悠久的历史，是否具有巨大的规模性，是否因此而拥有雄厚的人力资源和宏大的经济力量，因此根本意识不到在全球化时代的文明互动中，这些因素比他们心目中的地理因素要根本得多、持久得多。麦金德因预见到英美为首的"西方"与苏俄为首的"东方"的全球冲突，冷战时期在欧美广受推崇，他本人因此被封爵。但只需把他与历史学家斯宾格勒和汤因比作一个简单比较，其理论的局限性和眼光的狭隘性立刻暴露无遗。早在1940年代，历史哲学家阿诺德·汤因比（Arnold Toynbee）便以中国在抗日战争中表现出的巨大动员能力为依据，预言中国必将成为世界舞台上一支独

---

[1]《简明不列颠百科全书》，卷3，第701页；帕克，《地缘政治学》，第43—53页。

立的地缘政治力量。在更早的 1930 年代，他在《历史研究》一书中，便已把中国与西方、印度、俄罗斯、伊斯兰诸文明相提并论了。在他的理论框架中，人类社会历来就存在多个权力中心。这意味着，麦金德的海权与陆权对抗论，冷战时期两大阵营的对抗和冲突，不过是表面现象暂时掩盖了世界格局中历史悠久、深层次的多极性。

尽管有斯宾格勒-汤因比的文明论，东西方冷战正酣时，西方地缘政治论者囿于短期国家利益的考虑，是不可能重视这种理论的。他们依然甘当麦金德海权-陆权对抗论的奴隶，同时也为根深蒂固的西方中心论所蒙蔽，故而仍未能将中国及其他东亚国家看作一个独立的文明区域，而是将其视为两大阵营的全球对抗中可资利用的伙伴，甚至是一些并不重要的伙伴。在这种思维中，中国的地位仍是边缘性的。例如，扫罗·科恩（Saul Cohen）就认为，东亚冷战只是欧亚大陆西端两极冲突的东方翻版；如果说，在这场披着冷战外衣的海权-陆权冲突中，欧洲出现了把共产主义世界与资本主义世界这两大"地缘战略区域"分隔开来的"铁幕"，那么同样，东亚也出现了把共产主义世界与资本主义世界分隔开来的"竹幕"。[1] 在冷战高潮时期，东亚和东南亚各"内陆国家"全都被划归社会主义集团，被认为全处在苏联为首的共产主义世界的边缘；同一时期"东亚沿海"诸国家与地区则统统被视

---

[1] 帕克，《地缘政治学》，第 115 页。

为亚太版"西方"的一部分，被认为全处在美国为首的资本主义世界的边缘。两大"地缘战略区域"的核心国家当然是苏联和美国；前者代表"欧亚大陆势力"或"陆权"，后者代表"依靠贸易的海上世界"或"海权"；中国属于以苏联为中心的"欧亚大陆地缘战略区域"，是苏联的附庸；日、韩、菲等则属于"海洋世界地缘战略区域"，是欧美的附庸。[1]可这幅两极对立、看似完美的地缘政治地图却有一个明显缺陷，即根本无法解释印度为何倡导和发起不结盟运动，这对全球政治意味着什么[2]，也不能解释印度究竟属于"欧亚大陆势力"，还是属于"海洋世界"。

　　冷战也有终结之时。之所以必须终结，很大程度上正是因为中国并非像短视的地缘政治论者所一厢情愿认为的那样，是"欧亚大陆地缘战略区域"的一个附属部分，而其本身就代表了一支独立的地缘政治力量，其本身就是一个"地缘战略区域"，或者说其本身就是一个极重要的文明中心。众所周知，冷战期间也发生过规模颇大的"热战"，即 1950 年代的朝鲜战争和 1960 至 1970 年代的越南战争。当时中国与苏联结盟，在美国为首的西方势力把战火烧到自家门口的情况下，不得不越境人朝作战，后来又不得不以大量物质和人员支持越南的抗美战争，最后结果不

---

[１] 帕克，《地缘政治学》，第 116 页。
[２] 所谓"不结盟"，是指在冷战中不选边站队，持一种中立的立场，即，既不跟随苏联，成为共产主义阵营之一员，也不加人美国为首的资本主义阵营。不结盟运动由印度倡导并牵头，一度将七十多个发展中国家联合起来，颇具声势。

说是完全打败了美国为首的西方势力，至少也打成了平手。随着冷战结束，文明间的力量对比格局几乎在一夜之间发生了重组，杰弗里·帕克（Geoffrey Parker）之类新一代地缘政治论者骤然发现，先前的世界政治地图已然过时，必须绘制一幅全新的世界地图才能准确地反映实际的地缘政治情形；在这幅新地图中，中国已是一个将与美国平起平坐的大国。可是假如西方论者能有更好的历史眼光，不说往前追溯几百年上千年，只要看看朝鲜战争期间中国扮演了何种角色，便不难发现，世界地缘政治地图其实早在 1950 年 10 月志愿军入朝作战那一刻，便已改变。应当承认，在朝鲜战争期间，遭受了一百多年困窘的中国尚未完全摆脱苏联的制约，以完全独立自主的面貌出现在世界民族之林，可是不久之后的中苏意识形态大论战、中苏公开决裂、中国抗美援越行动，以及中美关系解冻则表明，中国不愿继续扮演先前那种不得不扮演的被动角色，而是要回归其在历史上的本有位置，成为独立于美苏两大集团的全球地缘政治力量，正如历史上它从来就是文明的源泉、秩序的中心那样。

跟基于海权−陆权对抗的世界图景不同的是，帕克的新地缘政治地图使用了"核心区"这一概念。不同以往的是，帕克的"核心区"不再是美苏两家，而是三家，西部核心区（即欧洲−地中海地区）、南部核心区（即南亚）、东部核心区（即东亚）。除此三家外，还有拉丁美洲和非洲这两个"核心区雏形"。[1] 在

---

[1] 帕克，《地缘政治学》，第 117—119 页、第 171 页。

这幅新地图中，俄罗斯和其他独联体国家并不构成一个独立的"核心区"，他们在文明互动游戏中出局了。帕克所谓"核心区"是"人类发展的主要中心，其拥有本身的人口、经济、政治和文化特征，并在一定的空间中形成了相互联系的特殊个性……尽管每个核心区的总体特征相互之间完全不同，但仍然可以看出某些共同的地缘政治特征。这些共同的特征包括：占统治地位的都市的存在、核心区域、主导文化、边缘的内侧和外侧、边界和通讯系统"[1]。不难看出，盛行已久的麦金德海权－陆权对抗论和科恩的"地缘战略区域"概念都已被摈弃了。也不难看出，这种地缘政治理论虽然并没有打着"历史哲学""文明研究"之名号，却与施宾格勒、汤因比的多元文明史观有异曲同工之妙。换句话说，地缘政治论者最终采纳了文明理论家的观点。

三

西方地缘政治理论家固然短视，但仍有一个问题必须回答：为什么在鸦片战争后七八十年时间里，中国以其巨大的

---

[1] 帕克，《地缘政治学》，第117—118页。

文明规模，竟不能换来起码的尊严，或者说，西方列强为什么能够在短时期内获得如此巨大的权力，竟让一大批地缘政治论者显得如此没有远见？问题的根源何在？事实上，从鸦片战争至今，中国知识分子一直在努力回答这个问题。从王朝更替的角度看，19世纪下半叶中国恰处于改朝换代的周期性混乱和衰弱状态，但更为根本的原因却是，在列强纷纷现代化的情况下，历史上的成功和长期的大国格局使整个文明惰性十足，缺乏活力，不仅民生凋敝、内乱不断，而且整个民族对外部世界漠不关心，除魏源等少数先知先觉者以外，绝大多数中国人仍处于一种浑浑噩噩、半睡半醒的状态。恰成对照的是，西方列强却因现代化国力得到急剧提升，更因先进的武器和高效的军队而在军事上占有绝对优势。中国与这些如狼似虎的新型国家打交道，实在是以农业对抗工业，以前现代的方法玩一场现代的游戏，结局可想而知，只能是战败。中国别无选择，只有走上现代化的自强道路，才能在弱肉强食的丛林中求得生存。经过几十年彷徨、挣扎和奋斗，终于否极泰来。

但中西文明间力量对比能够在如此短暂的时间里发生如此深刻的变化又表明，一个文明的优势若非建立在巨大的文明规模上，而主要依赖一套较为有效的经济制度和技术，就是不可持久的。如果作为手段的经济制度和技术如此先进、如此有效，以至于能给一个国家或文明带来与其人口规模不成比例的巨大的手段优势，甚至赋予它设置议程、制定规则的霸权地位，那么从长远看，也从文明互动的历史看，这种制度和技术是不可能不散播开来的，是不可能不被尚未接受和利用它们的文明所接受、所利用的。随着其他文明引进、发展源自西方的制度和技术，并很快取得可观的成绩，西方先前因手段上的优势以及由此获得的霸权地位便会逐渐丧失。最终说来，中国和其他新兴力量与西方必然会在手段对等的基础上，玩一种相对公平的文明互动游戏。这将是一种与力量对比严重失衡的鸦片战争迥然不同的文明互动游戏。换句话说，决定文明间力量对比的更根本、更持久的因素，是各文明基于地缘自然条件的人口和经济规模，而非某种制度和技术所暂时带来的手段上的优势。

既然文明互动最终将在一种相对公平的基础上进行，既然各大文明所掌握的手段最终将大体上对等，人力资源和经济规模必将成为最具决定性的因素。从朝鲜战争起，中国已成为全球地缘政治博弈中的一个大玩家。改革开放后四十多年来，中国的文明力大增，现实能力已相当可观，潜在力量更是无可限量。按现有汇率计算，中国在 2010 年已成为世界第二大经济体；按购买力平价计算，2014 年中国便已超过美国，成为世界第一大经济体，2022 年已是美国的约 1.5 倍。悄然间，美苏争霸已转换为中美博弈。可以预见，在未来几十年甚至上百年，世界地缘政治力量的互动仍将继续围绕中美枢轴进行，昔日的"老大哥"在可见的将来虽然仍有较强的军力，但随着时间的推移，重要性将逐渐降低。

也不难想见，在可见的将来，随着力量对比的天平更加朝中国倾斜，2020年至2030年某个时候经济总量超过美国，而美国及其盟友却仍然在多数国际组织中享有与其实力不相匹配的权力，中国与昔日霸主之间的龃龉或冲突将很难避免。再加上其他的周边地缘因素，情况将更加错综复杂，变化多端。对于中华民族乃至整个人类的智慧来说，这将是一场至为严峻的考验。如何拿捏好韬光养晦和有所作为的分寸，是摆在当今乃至今后几十年中国人面前的一个大课题。但可以想见，在全球化、核武化和深度相互依赖的世界格局中，中美关系必将是既有竞争，也有合作，在合作中竞争，在竞争中合作。除非作为整体的人类思维出了问题，中美关系恶化为全球核战争的可能性不大，而更可能采取经济、政治、科技和文化竞争的形式。这种竞争或者说斗争将非常激烈，很难再回到1980年代那种相对平和的状态。

中美博弈将是一个漫长的过程，印度洋和太平洋地区的相关国家如中、美、日、印等国所要做的，是尽可能管理好急剧变动的彼此关系，不要使和平竞争蜕变为恶性竞争乃至世界大战。但有一点很清楚，如果在经济总量仍明显低于美国的今天，中国也愿在力所能及范围内承担更多国际责任和义务（习近平2013年3月20日讲话），那么在经济总量大增，明显超过美国甚至超过美国与西欧总和的四五十年后，中华文明即使一千个不愿意，也不得不扮演一个比当前重要得多的角色，不得不对世界、对人类承担更多的责任。这是一种不可逃避的命运。

文明的兴衰：从边缘至中心

　　哪怕只是对文明史作一个粗略的考察，也不难发现，中心而边缘、边缘而中心的权力更替时时刻刻都在发生。事实上无论东方还是西方，古往今来，历史舞台上已一再地上演这样的戏剧。每个文明的崛起和扩张，都包含一个边缘至中心的历史运动的故事，即一个位处边缘的弱小国家逐步崛起、进逼中心、主导历史进程的故事。

　　在中国历史上，中原的政治实体很早就享有巨大的人口和经济规模，在进入国家阶段后相当长一段时间内，其所支配的人力物力资源比周边人类群体多得多。在这种情势下，要么中原国家派出官员进驻新近征服的地区进行直接管理，逐渐同化这些地区，要么周边部族在中原经济、政治、军事和文化的影响和冲击下，逐渐采用相同的生活方式，最终融入中原的经济、文化样式和政治、军事轨道中。但这种中心至边缘的历史运动不可能永远持续下去。一个政治体扩张到一定范围后会发现，在一个巨大范围内维持政治经济秩序需耗费巨大的人力物力，而中心区所能支配的资源再多也有限度。

不用说，中心区拥有密集得多的人口、大得多的经济体量和更高的生产力水平，这就使得那里的统治者掌握了大量文化-技术资源，但同时也容易使他们过上一种舒适甚至奢靡的生活。这种情形对于中心区国家保持其既有地位来说，是非常不利的。更大的麻烦在于，相对于周边地区，中心区享有巨大的政治和军事优势意味着，它不再有真正的竞争者了，于是保持或争夺权力的斗争只能在中心区内不同利益集团之间进行。换句话说，没有了敌人，中心区的人们只好在自己人当中寻找敌人，内斗在所难免。这不啻给了周边潜在竞争对手以绝好的发展机会。这就是规律。古今中外，边缘而中心、中心而边缘的文明运动无不受此规律支配。

中国历史上商之代夏，周之代商，秦扫平六国统一中国，元朝和清朝的建立，都无不讲述着一支支边缘力量打败中心力量，取而代之的故事。

来自西方历史的例子更加丰富。质朴的波斯人从荒僻的伊朗高原入主富庶的两河流域，征服了新巴比伦王国，建立了波斯帝国。大约一百年后，西边的雅典崛起，一跃成为全希腊的经济、政治中心之一，与希腊另一个中心即斯巴达争夺霸权。两百年多后即公元前4世纪中叶，雅典和斯巴达及其众多盟邦在内斗了一百多年后两败俱伤，让北方小国马其顿坐收渔翁之利，将彼此之间斗得不亦乐乎的诸希腊城邦一一征服。曾几何时，这个大山中的王国还是一个被目为半野蛮的国家，现在却入主文明的中心，俨然成为希腊世界的霸主。亚历山大不仅使一盘散沙的希腊城邦臣服，还利用它们对东方土地和财富的贪婪，组织成一只庞大的马其顿-希腊联军，向西亚进发，一两年后便摧毁了西亚地中海世界的传统权力中心波斯。

而公元前6世纪中叶以降，波斯帝国一直是西亚的霸主，即便针对希腊的扩张战争（公元前490年和公元前480年发生的两次波希战争）受挫，也仍能凭借其所掌握的大量资源，把相互间打得死去活来的希腊城邦（英语中"希腊人相遇，其争必烈"的谚语并非空穴来风）玩弄于股掌之中。然而仅仅两百来年后，强大的波斯帝国便已是日薄西山，气息奄奄，在亚历山大的铁骑面前不堪一击，轰然倒下。西亚地中海世界骤然间换了主人：马其顿-希腊人。奇诡的是，螳螂捕蝉，黄雀在后，意大利半岛上，罗马帝国正悄然崛起。

相对于既有权力中心波斯和希腊，罗马立国之初只是西边的一个偏远小国。但初兴时期的罗马人并未被奢靡的生活所腐蚀，借着务实、坚忍、集体主义、吃苦耐劳等优秀品质，逐一统合了意大利半岛诸部族，之后又打败了迦太基人，最后把马其顿-希腊人从地中海霸主的位置上拉了下来，建立了地跨欧亚非三洲的庞大帝国。可是，即便罗马人也跳不出历史规律的如来佛掌心。称霸后，罗马人不仅内斗不已，更为权力带来的奢华生活所败坏；与此同时，周边蛮族不断侵扰、蚕食着罗马帝国。及至475年，罗马大厦终于坍塌。

阿拉伯人崛起的故事也相似。7世纪上半叶，与当时的西亚霸主萨珊帝国相比，与统治两河流域西部和小亚细亚、希腊半岛的拜占庭帝国相比，阿拉伯半岛还谈不上真正开化，漫漫黄沙一望无际，经济、文化发展水平仍相当低下，人口仍处于相当愚昧的状态。但纯朴剽悍的阿拉伯人利用西亚地区已有的文明成果，在穆罕默德的领导下迅速崛起，很快征服了萨珊帝国，夺取了拜占庭帝国很大一部分土地，之后更将势力范围更扩大到北非、伊比利亚半岛、中亚，以及南亚、东南亚和东非、西非的广阔地方。

还有其他史例。突厥人被唐朝打败后往西移动，后来皈依了伊朗版本的伊斯兰，之后不断向西推进，进入小亚细亚和巴尔干半岛，最后占领了这两个地区乃至整个西亚，建立了奥斯曼帝国。同样，黑海以北草原上的东斯拉夫人本处于野蛮状态，在与拜占庭帝国的长期互动中，接受了在西亚地中海世界盛行已久的基督教（东正教）。之后，斯拉夫人迅速形成国家，摆脱蒙古人的统治，后来更是迅速向东欧和亚洲扩张，建立了俄罗斯帝国，成为历史舞台上一个迟到的玩家，甚至不断向外输出其精致文化：古典音乐、芭蕾舞剧、诗歌和小说。

综上，边缘而中心的文明运动为一种俗称"三十年河东、四十年河西"的规律所支配。这主要是因为，中心区国家在发展过程中，带动了周边区域的发展，培养了能够与之抗衡的力量。

甚至可以说，中心与边缘之间不可能不存在一些特殊的国家，它们是成功的模仿者，进而可能成为中心国家的候补国。它们在与中心区的频繁交往中日益壮大，最后成为中心区所主导的经济政治体系的挑战者。正是由于这种规律性的存在，原本弱小的边缘国家才能最终进占中心位置，实现边缘至中心的角色转换。

采用以上理论视角，完全可以说，1500 年以前的中国以较高的生产力水平、巨大的人口和经济规模居于世界中心，而欧洲则位处边缘。在之前十来个世纪里，欧洲因社会发展水平低下，在经济意义上的世界体系中无足轻重，哪有什么位置可言。此时欧洲的对外贸易量也太小，几乎可以说微不足道。然而众所周知的是，因特殊的地理位置，西欧得以不中断地发展其经济和文化，1500 年以后逐渐赶了上来，至 19 纪中叶已居于文明的中心。

不过，文明运动摆不脱内在规律的支配。1910 年左右，西方达到了权力的顶峰，而中国、印度和其他非西方国家却一直在向中心推进。这是一种全球层面的宏大的权力更替运动，其规模将大大超过波斯人之征服两河流域、希腊人之征服波斯帝国等；也与 1910 年以前欧洲和 1945 年以前日本的殖民主义崛起迥然有异，不会采取大规模战争的形式，更可能采取经济、科技、文化和社会发展水平方面竞争的形式。这将是一个漫长的过程，相关国家如中国、美国、欧盟、印度、日本等所要做的，是有效地管控急剧变迁中的彼此关系，使之不要出轨，尤其不要由和平竞争蜕变为世界大战。唯其如此，人类方有未来可言。

中华文明的基因密码

一、天选之国：地缘

自商以来，在大约 3700 年的时间里，中华文明的疆域一直在扩大，其间当然有跌宕起伏，但总体来说，一直处在一种持续发展壮大的状态。即使在现代之前，中华文明也有着文明史上最大的规模性[1]和全世界最多的人口；晚清以来虽然经历了六七十年的低落，但很快便重整旗鼓，奋起直追，现已在很大程度上恢复了其在历史上的崇高地位，正在向全球性大国强国迈进。

---

[1] 关于文明"规模"或"规模性"的含义，参见本书"释义"部分有关条目。

中华文明显然是成功的，这成功背后一定有原因。粗浅地看，这就是文明的吸引力——在其成长壮大的过程中，中国文化的主体民族（不仅是汉族，也包括在中原地区建立了政权的契丹、女真等其他民族）不断吸收融合异族人口，很多情况下，大量异族人口自愿融入中华民族，更遑论周边其他民族如历史上的日本人、朝鲜人、越南人等主动吸纳和接受华夏文明。

问题来了，中华文明为何会具有这种吸引力？这吸引力的根本原因为何？只要同其他文明作一个简单比较，便不难发现，中华文明发展出的这种吸引力几乎是必然的。

没有任何一个文明像中华文明那样，拥有多个大河流域，即除了黄河流域以外，还有淮河流域、海河流域、珠江流域、松花江-嫩江流域等。其中黄河、海河、淮河、长江下游流向一致，天然地连成一片，不仅是一个巨大的陆地板块，在技术条件低下的古代通过艰苦开发和辛勤劳动能够养活大量人口，而且非常有利于不同地区之间的物质、人员和信息交流，发展出较为先进的生产力，进而非常有利于在一个大范围内进行社会政治和文化整合。不仅如此，这一巨大陆地板块与珠江流域、松花江-嫩江流域等之间也大体上连成一片，没有巨大的山脉或海洋将它们隔断，即使在古代低下的技术条件下，也相对容易实现跨区域的交流与整合。为什么从元朝起，现代中国的版图就已大体上奠定，至清朝进一步巩固后更获得确定的法理地位？其根本原因就在于这种地理格局。

同样重要的是，中华文明也拥有优越的自然条件。黄河、海河和淮河流域、巨大的长江流域，以及规模可观的珠江流域，都是气候温暖、降水充足（尽管时空分布不均匀，故旱涝灾害频仍）的可耕之地，只要投入一定劳动，便有相对稳定的农业产出，能够养活大量人口。并非不重要的是，从华北平原往东一直到东北，往西北一直到嘉峪关一带，传统中华文明的土地不仅天然连成一片，没有难以逾越的障碍，而且大体上都有适合农耕的气温和降水条件，尽管胡焕庸 400 毫米等降水线以北即现大西北、内蒙古很多地方降水量偏少，农业产出不足以养活太多的人口。由于共同的农耕生活方式，也由于连成一气的地理格局，在广袤的华夏土地上，一地与另一地之间的文化很容易产生紧密联系。考古发现已证明，大约距今五千年时，各地之间的文化一致性便相当高了。

这很大程度上解释了历史上的中国为什么表现出如此强大的同化力。秦汉唐和元明清时期中国在向南、北、西北、西南和东北方向扩展时，对周边民族产生巨大的文化吸引力。这也解释了为什么中华文明深刻影响了朝鲜、日本和越南的文化走向，将其纳入文明的轨道，形成了儒家文化圈或东亚"汉字文化圈"。虽然很难说儒家文化在东南亚其他国家如马来西亚和印尼等国占主导地位，但中华文化通过华人在这些国家影响力仍然非常大。

从中华文明内部来看，中原文化在扩散的过程中对于周边民族来说，也一直是一种强势文化，或者说在汉民族与其他民族的互动中，主要是后者接受前者的文化。但既然是互动，中原文化也不可能不吸收少数民族的先进因素。早在战国时期，赵武灵王就模仿游牧民族，搞"胡服骑射"，大大提升了赵国军力。游牧民族文化为何对华夏民族有吸引力呢？因为他们是马背上的民族，军事技术发达。爱屋及乌，华夏民族既然对军事技术感兴趣，对游牧文化的其他方面也会感兴趣。元清时期，汉人接受游牧民族文化-技术就更多了，且不限于军事。

然而总体来说，主要是游牧民族不断吸收中原文化，最后融合到文明的大家庭中来。从一些姓氏也可以看到这点。例如，"完颜"本来是一个鲜卑姓氏，为了显得与普通汉人姓氏没有什么区别，就简化为"颜"。百家姓里的"石"姓也主要源自鲜卑。该姓氏可以追溯到一千七八百年以前，当时鲜卑开始了积极汉化的过程。再如百家姓中的"康"姓有很大的可能性源自突厥。另外，从语言形态来看，古代中国北方大多数游牧民族都属于阿尔泰语系（从中亚到东北亚很大一片区域是从前诸多阿尔泰语民族的游牧栖息之地；不少阿尔泰语民族已融合到汉族或其他民族中，如契丹、鲜卑，现蒙古族、满族、维吾尔族、哈萨克族，以及历史上契丹人、鲜卑人等都是阿尔泰语民族），但时至今日，契丹、鲜卑、满族已完全汉化，蒙古族中也有很多人变成了汉族，尽管历史上也不乏汉族被游牧民族同化的事例。

尤需注意的是，公元 5 世纪，建立了北魏政权的鲜卑拓跋部统治者在鲜卑人中从上到下强制推行汉文化，为其他少数民族融入中华大家庭树立了榜样。但如果中华文明没有基于地理自然因素的强大吸引力和包容力，这是绝对不可能的。

相比之下，埃及和两河流域虽然也是不小的陆地板块，在古代条件下虽然都有适合文明萌生的极佳自然条件，却不享有一个中国式的适合农耕的巨大陆地板块，更缺乏向周边伸展开拓的空间，发展到一定时候便被局限在本地范围之内，格局终究有限。

西欧虽然也是适合农耕的较大的陆地板块，却明显较为寒冷，在古代条件下农业生产率偏低，至少不能像东亚那样种植水稻以养活成倍的人口。此外，各主要河流从阿尔卑斯山脉流向东南西北各个方向，故而地区之间被隔断，再加海洋阻隔，便被天然划为法、德、意、西、英等多个民族或地缘政治区域，很不利于社会、政治和文化整合。

再看看印度。印度虽然也是一个大型陆地板块，而且降水量和气温都适合农耕，在古代条件下同样能养活大量人口，却因印度河与恒河流向不同，两个大河流域之间交往并不顺畅，再加上雨季时河水流量太大也太湍急，不利于地区之间的交流，所以最终在跨区域的社会政治整合方面便不尽人意。这就解释了为什么从古到今，印度文化、语言、宗教超多超复杂，政治一体化程度明显不如中国。

如此看来，现代之前的中华文明之所以具有明显更高的文化、社会和政治整合水平，绝不是没有原因的，即非常有利的地理格局和自然条件。

二、殷周之变：周人的现代性思维

据一些西方思想家，如汤因比、雅斯贝斯等人，中华文明是一个"早熟"、智慧的文明。他们为什么这么说？

中华文明在先秦时代理性化程度就相当高了，明显高过其他文明；大多数古代文明早已消亡，而中华文明以其中道与和平的精神却能一直延续下来，虽也有涨有落，有荣有枯，大体却算得上长盛不衰。这种认知与五四以来很多人把中华文明说得一无是处，把它整个儿打成"封建主义"和"专制主义"，真有天壤之别。

为什么说中华文明很早就有了高度理性的思维？

稍稍浏览了一下中国历史，便不难发现周对于商，是一个明显的飞跃，而这种飞跃的本质在于周人思维中出现了一种理性化的突破。

在先周时代，人们对鬼神是非常恐惧的，所以祭祀极为发达，堪比同时代的两河流域乃至七八百年以后的古希腊。商人祭祀上帝或鬼神，动辄使"用"数百上千人牲，多为抓来的俘虏，或像畜生一样饲养专供祭祀使用的奴隶，也不乏被统治部落的贵族。这种现象现在称之为"人祭"，从根本上讲，是畏惧超自然力量的结果。事实上，在商人的精神世界里，要讨得上帝或鬼神欢心，是非常困难的，必得牺牲世界上最贵重的东西，即人或者说人牲；所献人牲数量越多，其地位越高（如某个战败部族的王），鬼神就会越高兴；鬼神越高兴，商人就越会受其眷顾，自己的统治地位就会越巩固，因为众多臣属部族就会越惧怕商人——其不可撼动的权力来自掌控自然万物的鬼神。这表明，比之周边"方国"或部落，商人技术水平（其发达的青铜技术直到今天仍令人惊叹）虽很高，却非常愚昧。

为什么说周人的理性化程度明显超过商人？

文献和考古发掘表明，周人虽然仍有一定程度的迷信，比之其他部族或小国，却更能充分发扬理性（或可称之为"实践理性"），及至周公时代更是如此。正是在周公的主导下，周人抛弃了商人和当时其他部族所普遍奉行的上帝观、神鬼观，用"德治"的理念改造商人的君权神授论，抛弃了商人大量祭杀人牲以讨好鬼神的残酷做法，确立起了"以德配天""天命流转"和"明德慎罚"的政治哲学。周人所谓的"天"指天命、天道，引申为自然规律。在他们看来，上天是否眷顾人间的君主，其所用标准是，看他是否"为政以德"，即合理施政，仁慈地对待民人和臣属部族。人间君主若想要获得"上天"的选择，就得修养身心品性，以道德心约束自己的私欲，仁慈地对待被统治阶级乃至周边所有部族，而非用残酷、烦琐的人牲献祭来取悦上天。唯有如此，才能永保天命。君主只有"敬德""明德""保民"，才符合天道的要求，才能获得上天的青眛，求得政权的长治久安。

那么为什么只是到了公元前 11 世纪，周人才得出这一认识，而非更早或者更晚？简单说来，这是因为周人观察到，此前看似不可一世、无比强大的商统治集团，在弱小的周国及其盟邦打击下，突然间便土崩瓦解了。于是他们总结教训，追问自己为何能够以弱胜强，取得宗主地位。正是在这一过程中，他们认识到"德"或者说"为政以德"的重要性。正是在对历史经验的总结和对永享天命的期许中，周人获得了一种前所未有的道德自觉。他们意识到，商统治者用来吓唬民众或弱小部族的上帝观或鬼神崇拜，是没有根据的；商之所以灭亡，根本原因在于统治者未能"以德配天"，未能"敬德保民"，而不是因为不去祭拜上帝或鬼神，或祭祀态度不好或方法不对，惹得上帝或鬼神不高兴，不再关照他们了。

其实，早在灭商之前，文王便说过"殷鉴不远，在夏后之世"一类话。这说明，他已意识到，殷纣王不重视夏后氏被商汤灭亡的教训，后果将非常严重。总之，周人相信，统治者集团或个人只有要合理的行为和良好的道德，就能扭转不利局面，就能有福气或吉祥，这就是后人所总结的"君子德行焉求福，仁义焉求吉"。到了春秋时期，孔子甚至对用陶俑代替真人来殉葬也不能容忍了。他说"始作俑者，其无后乎"？即最先用陶俑殉葬的人是不人道的、残忍的。他们难道就不为自己的后人着想，积点德？但孔子说这话，很大程度上是整个共同体的思想氛围使然，或者说，他的话代表了当时华夏共同体的整体思维或心态。所以完全可以说，周人这种思维是高度理性的，这种思维具有明显的现代气质。现代中国人都是周文化的传人，现代中华文明在很大程度上就是对周文明的传承。

如果我们读一读跟春秋战国同时期的古希腊历史，不难发现，希腊文明虽然比周文明晚七八百年，其鬼神信仰却仍十分兴盛。在古希腊，若遇到战事，人们一定得求神占卜；甚至出征作战时，也得带上占卜师和用于占卜的牺牲。所以，各城邦都养了一大批一般占卜师和随军占卜师。这时，希腊人的神话思维虽然已经在解体，"爱智"或哲学式的理性思维日益受到人们的青睐，但神话在日常生活中依然起着极为重要的作用。

柏拉图写了很多哲学对话，这些对话不可谓不理性，但里边的人物（包括他的老师苏格拉底在内）探讨哲学问题时，却总是开口"波塞东"，闭口"阿波罗"。这在先秦诸子中是几乎见不到的一种现象。按照儒家标准，希腊文化中无疑存在着大量的怪力乱神。再如，希腊神话中有大量淫荡乱伦、弑父弑母、发疯发狂的故事。一个人如若发疯，或者说恶灵附身，会杀死很多人，甚至把自己的孩子、亲兄弟、亲姐妹杀死。这在先秦诸子文献里是很难见到的。不妨读读克莱蒙的《劝勉希腊人》，通篇都讲的是希腊人的怪力乱神和暴烈残忍。

这与周文明的反差之大，完全超出了想象。

三、群己权界：强大的国家与强健的个体

近几十年来，学界讲古代中国知识分子"主体精神"的文章非常多，有两千来篇，而直接讲个体主义、个人意识、个体精神、个人主义、个人意识等则很少。就我所知，这方面影响比较大的论著，有李泽厚的《美的历程》等。其中所用主要概念即便不是"个体主义""个体精神"等，至少也是"主体精神"一类。但他们似乎并没有强调，**历史上中国知识分子的个体意识或个体主义精神在多数时候都强于前现代西方。**

如果要追溯中国知识人个体意识的起源，就得回到春秋战国时代。孔孟老庄墨荀韩等人思想中的确包含人格平等和人格独立精神的论述，这无疑对后来两千多年知识人的心智产生了深远影响。看一看古希腊，这时大致也是他们百花齐放、百家争鸣的时代，具有独立人格的知识分子汲汲于对真理的追求，不断发出自己的声音。但希腊罗马文明毕竟早已消亡了，代之而起的是基督教文明。在长达一千年的时间中，基督教占主导地位的欧洲经济社会发展滞后，思想上则颇具压迫性，希腊罗马文化被视为"异教"，处于被压制状态，因此欧洲中世纪是否存在知识人群体也成了问题，更遑论知识人的个体意识。这从整个中世纪欧洲知识生产的不活跃状况，是不难看出的。只

是在文艺复兴以后，知识生产重新活跃起来，才逐渐兴起了一个相当于中国士人的知识人群体。

相比之下，由于中华文明有着欧洲没法比拟的连续性，中国士人或文人士大夫一直是一个强大的阶级。这个阶级不是凭空产生的，而有着深厚的经济和社会基础，是以较高的经济社会发展水平为前提条件的。从战国时代起，后来虽然有反复（魏晋南北朝时期甚至有较大的反复），基于土地自有自耕的小农经济终究占了上风，及至明清之际，江南地区更是达到了现代资本主义的临界点。这里，20世纪有关中国资本主义萌芽的大论辩又是一个极有趣的话题，中国知识分子在此问题上所花心力之深之巨，有目共睹，绝非空穴来风。从西方来看，其经济自11世纪以降，在近一千年中几乎一直处于不间断的成长之中，而中国则不断遭受自然灾害、外族入侵和王朝更替的打击，发展进程总是被打断。同样关键的是，欧洲还有新大陆的发现，这不仅为它提供了一个巨大的资源基地和一个巨大的产品市场，还帮助它解决了过剩人口的问题，所以其经济社会得以相对迅速而平稳地发展，到了19世纪初，已经把中国远远抛在后面，而其人均收入早在18世纪早期就可能超过了中国。不巧甚至不幸的是，受制于王朝循环的中华文明这时恰恰进入周期性的低落期，故而至20世纪初，中国与西方之间出现了触目惊心的巨大发展落差。这不仅对五四知识人产生严重的负面影响，甚至直到今天仍在扭曲当代知识人的西方观和中国观（当然，这与中国各方面仍然处在赶超阶段也不无关系)。

我们共同体的朋友有关历史上中国文化人乃至现代中国知识分子中个人主义思想太盛而共同体精神不足的看法，应该产生于其所观察到的这一现象，即现如今很多中国知识分子太过自我中心。这种问题意识是值得肯定的。但应当看到，晚清以来的知识前辈早已看到了问题，即中国人除极少数精英以外，总的说来更关心个人、家族，而对社会和国家十分冷漠，存在着不能"群"，即一盘散沙的严重问题，而这又在极大程度上导致国家孱弱，被动挨打；相比之下，西方人明显地更能"群"，到了近现代，他们所开出的经济政治机制和社会文化传统既给个人提供了足够的生存发展空间，也能稳步推进其共同体建设，更发展出强大的国家。很明显，在很大程度上，不能"群"正是中国羸弱被动的根本原因所在。所以，要"新"民。梁启超等倡导的新民主义很大程度上就是要培养具有社会和国家意识的"新民"。

我以为，当时知识前辈没有来得及思考中国人之不能"群"，究竟有何究极原因。换句话说，他们尽管看到了现象，却还没能去抓住本质。这个本质就是中国基于经济结构的历史悠久的个体主义传统，而不能"群"的民族宿命正与这一传统有着至为深刻的关联。正是强大的个体主义传统解释了为什么一直以来，中国人重个人、重家族，而轻社会、轻国家。为什么在鸦片战争中，不少中国老百姓帮助英国人打清军？为什么义和团运动时，很多北京人为外国人带路，给他们提供食物和水？甚至为什么晚至抗日战争时期，还有成建制的中国军队摇身一变成为"伪军"，帮助日本人打中国人？但是另一方面，个体主义并非全然是负面的东西。不仅如此，只要能处理好个体与社会、国家的关系，个体主义就不仅不是坏事，反而是大好事。要把蕴藏在个人身上的巨大能量充分释放出来，没有强大的个人主体精神绝对是不可能的。完全不能想象，15世纪中叶以前的中国假如没有强大的个体主义传统，怎么可能领先西方长达一千年？而改革开放以来的中国假如没有众多富于个人能动性的人口，怎么可能在短短三十几年就实现了经济腾飞，跻身于超级大国之列？

所以，关键之关键在于，在个人主义与共同体、国家之间要找到一个适当的契合点或平衡点，要有一个强大的国家把亿万个体精神强健但一盘散沙的人们统合起来。几百年来西方国家之所以能领先非西方，与它们基于其历史和地理条件，找到了个体主义与共同体和国家之间的适当契合点或平衡点，同时开出了强大国家有着至为密切的关系。另一方面，也应看到，晚清中国人之所以不能"群"固与强大的个体主义传统有关，但也与当时中国恰好处在王朝循环之低落周期有关，更与清朝建立以后汲取明亡乃至历朝历代之教训，实行"永不加赋"之国家政策，故国家建设滞后有关（最近看到一个材料，说19世纪初，小小一个英国，其财政收入总量之大，堪比偌大的中国）。如果当时中国恰恰处在一个新朝代的前期，如果清政府一直以来都非常重视国家建设，不能"群"的问题至少不会像晚清那么突出——因为国家强盛。谁能说，汉唐宋元明前期中期的中国人不能"群"？谁能说，康雍乾时代的中国人不能"群"？康有为将不能"群"的问题归因于中国没有基督教，想把儒家国教化，实在是把错了脉，开错了方子。没能看到问题的根本，提出的解决方案十分荒谬。

应当看到，一百多年以来，中国人不能"群"的问题已在很大程度上得到了解决。今天，中国仍然处在解决这个问题的过程中，而且势头很好。这从眼下普通公民的国家意识已远远强过清末民初是不难看出的，从中国社会已形成了可观的现代慈善和义工传统等也是不难看出的。当然，在处理好个人与共同体、国家的关系问题上，无论是"忠于国家忠于党"以及"为人民服务"的口号，还是正在蓬勃发展的慈善和义工运动，以及清明的法治、廉洁的政府和良好的国家治理都会产生不同方面的长远效果。未来中国还将继续努力。

四、中西之对比：二战爆发的地缘格局与文明性格原因

二战（即被错误地叫作"第二次世界大战"的第二次欧洲大战）结束至今，已足足70个年头。其间，虽然发生过多次

局部战争，但无论从哪方面看，其对人类社会的冲击都远远小于二战。须知，死于这场战争的总人数竟高达7400万！在今人眼里，这是一个无法想象的天文数字。

那么二战究竟因何爆发？

据威廉·夏伊勒畅销书《第三帝国的兴亡》，20世纪初年一个叫阿道夫·希特勒的奥地利青年因父母早亡、性压抑而心理病态，像德奥当时很多人那样，把个人的不得志归罪于无处不在的犹太人、斯拉夫人；这些"劣等种族"不断侵蚀优秀日耳曼人的地盘，日耳曼人仇视他们再自然不过。不久欧战爆发，后演变成世界大战，以德国为首的同盟国战败，与协约国签订了为其带来巨大屈辱的凡尔赛条约，德国人因而对法英等怀有刻骨仇恨（故有这种说法：二战是德国发动的复仇战争，是一战的继续，两次大战实际上只是一次大战）。1929年，世界性经济危机爆发，德国人生活极艰难，处境极悲惨，于是种族仇、民族恨交织演变为一种极端非理性的民族主义，法西斯政权迅速崛起，人们心中的恶魔借着病态的希特勒和第三帝国恐怖地释放出来，最后造成了600万犹太人被屠杀，几千万人死于战争的空前灾难。

按照现今教科书的说法，二战爆发的直接原因是法西斯政权的崛起和世界经济危机的冲击，根本原因则是资本主义经济政治发展"不平衡"。这里，极端民族主义被忽略，只被置于导致法西斯崛起的直接原因之一这一位置。发展的不平衡并非不可以视为战争爆发的某种深层次原因，但终归由于太过凌空蹈虚，而解释力有限。它尤其不能回答这一问题：为什么二战至今，即便中国等亚洲国家迅速崛起，世界力量的天平迅速向亚洲倾斜，它们与西方国家之间的发展不平衡仍然远大于欧战前德国崛起时与法英等国之间的不平衡，却并没有因此爆发第三次世界大战，在可见的将来也不太可能？

既然已有的理论解释力有限，为什么不到地缘格局和文明性格中找原因？

事实上，一战硝烟尚未完全散去，伯特兰·罗素已被一个根本性的问题所困扰：为什么同属一个文明的西方人，竟在自己中间打了一场死亡1654万人的惨烈"大战"？他认为，西方民族"导源于精力过剩的军国主义、帝国主义、传教狂热、野心无穷、蛮横好斗、支配欲强、盲目追求进步与效率"对此负有根本责任；西方文明的品质"使人们永不平静、永不知足，盲目地投身于竞争、冲突、开发和破坏"；而恰成对照的，是中华文明谦恭平和的特质。为什么不到中华文明的性格中去寻找药方，医治西方人的好斗症？于是，他不远万里来中国实地考察。

作为一个旁观者，观察敏锐、思想深邃的罗素并非没有看到了他眼里中国人性格上的缺点，例如"贪心、懦弱""懒散""缺乏激情""多神多疑""卑琐怯懦""麻木、冷酷"，以及"缺乏同情心"等。然而更重要的是，他看到了中国人"知足常乐、随遇而安，善于妥协、不走极端，悠然自若、富有耐心，爱好和平、包容心强"等优点。尤其值得注意的，是中国人谦恭平和、温柔敦厚的气质，和合而非分裂、中庸而非极端、包容而非褊狭的民族性格。中国人还有其他重要的优点，如"坚忍不拔的精神品格""不屈不挠的刚强伟力"，以及"无与伦比的民族凝聚力"。但在所有这些民族特质中，罗素最推崇的，还是中国人"平和的气质""谦恭有礼""温和善良"，以及善于"妥协"的精神。正是这些民族性格，使得中国人"在寻求解决争端时更多是讲究平等和公正，而非像西方人那样喜欢仰仗实力"。

这些观察大体上是符合事实的，但是罗素并没有解释中国人和平公正的气质、善于妥协的精神从何而来。只需从地理自然格局入手，与西欧作一个简单比较，便不难发现，中华文明养育出其精神特质几乎是必然的。西欧并不像中国那样有黄河–淮河–长江–珠江流域这样一个适合农耕的巨大陆地板块，而且也没有崇山峻岭和湍急河流把各个地区隔开；同样重要的是，主要河流海河、黄河、淮河、长江这些主要河流流向一致，极有利于文化整合和政治统一。西欧虽也适合农耕，农业生产率却因气候寒冷而相对较低，主要河流又从阿尔卑斯山脉流往东南西北多个方向，将各地区隔断，再加上海洋的阻遏，这片土地被天然地划分为法、德、意、西、英和斯拉夫多个地缘政治区域。在前现代条件下，凡此种种都很不利于跨区域的政治整合和统一。

地缘格局既注定华夏世界必得统一而非分裂，养成一种和合而非争斗、包容而非排斥的品质就很有必要了。有利于统一的天然条件导致文明性格的塑造，而文明性格反过来又会促进统一，统一的运势更会进一步强化文明的性格。古代条件下长时期政治统一固有其弊端，如无益于个人能动性的充分调动、功利主义思维和官本位心态，但有助于养成一种温和的精神特质却是无疑的。这解释了为什么早在《诗经》中就有不少厌战诗，如《邶风·击鼓》《王风·君子于役》等，而大约在同一时期定型的《荷马史诗》却赤裸裸地崇尚武力，甚至包含了《诗经》中绝不可能出现的大屠杀场景（《奥德赛》结尾时奥德修斯针对其政治对手的血腥杀戮）。及至宋代，中国更是坚定地走上了和平主义道路。欧洲不仅古代崇尚武力，近代以降因地缘格局的缘故更是民族国家林立，相互之间的争斗和征战从未停歇。文明品质差异如此之大，很好地解释了为什么在15—17 世纪大航海时代，郑和舰队在与沿途各国和民族交往中，坚持和平和睦和平等原则，不以大欺小，不恃强凌弱。这与葡萄牙人在印度洋、大西洋海域大肆烧杀抢掠，与西班牙人在美洲大开杀戒，灭绝阿兹台克和印加文明相比，何止天壤！

因了浮士德精神和其他特殊原因，林立的民族国家彼此间争斗不息的欧洲率先实现工业化，生产力急剧提升，发展出高效的现代科技和军队。既掌握了前所未有的巨大能力，原本就崇尚蛮力，支配欲极强的欧洲人怎么可能不发动欧洲大战（即第一次"世界"大战）？欧洲大战怎么可能不带来浩劫？按照流行的说法，因为是战败国发动战争，所以战争责任全在战败国。可是，一个巴掌拍不响，战胜国负有同样大的责任。若非民族主义的战胜国杀鸡取卵般地将极其苛刻的战争赔偿强加于德国，极端民族主义的第三帝国和希特勒恶魔怎么可能横空出世，肆虐欧洲？二战怎么可能打起来？今日中国固然有自己的问题要解决，但它以悠久的政治统一传统，绝无可能以民族国家（不少西方论者以中国各省比照欧洲民族国家）的名义打这种战争。这就不难明白，为什么几十年前英国历史哲学家阿诺德·汤因比便如是说："世界统一是避免人类集体自杀之路，在这点上，现在各民族中具有最充分准备的，是两千年来培育了独特思维方式的中华民族。"

可以说，这一预言正在成为现实，但中国人切不可沾沾自喜。所谓"统一"绝不可能也绝不应该是重新强大起来的中国高高在上，君临全世界；绝不可能也绝不应该对其他民族颐指气使发号施令，顺我者昌逆我者亡——正如现在某个超级大国所为；而意味着要继续发扬谦恭和平、公正平等的文明特质，承担国际责任，做出国际表率，与包括西方在内的世界各国一道，共同构建一种更合理、更公正、更和谐的世界经济政治新秩序。

五、论中西文明的博弈大势

鸦片战争以后，一直半睡半醒的中国人终于睁眼看世界，很快便孜孜于中国与欧美国家的对比，于是"中""西"这两个词连用渐渐成为风气。近年来，"中西之争"说甚至变得非常时髦，与所谓"古今之辨"平行相对。然而，无论是"中"还是"西"，也无论这两个词有何文明和文化的内涵，它们首先是两个地理概念。

人类确定自己的空间方位时，必然以自己为中心，不可能以他人为中心，因此所谓东南西北，不可能不是以自己为空间原点的东南西北。古时候，黄河流域的华夏民族比其他民族开化得更早，于是从自己的地理方位和自己的文化立场看世界，认为周边民族无不野蛮愚昧，于是有了华夷之辨，有了"东夷西戎、南蛮北狄"之说。后来，中国人又称日本为"东瀛"，称黄河流域以西的广大地域为"西域"。再后来，欧洲人源源不断地乘船来华传教，于是又有了"泰西"和"西洋"等概念。同样，西方人看东方，也以自己为中心，在其东边者自然就是"东方"，甚至把离得近的东方即西亚埃及等地叫作"近东"，把离得远的东方即中国、日本、朝鲜等叫作"远东"。

今天，"中国"为何或许无需多说，但"西方"为何，却未必清楚。可以肯定的是，它不是一个单纯的地理和文化概念，因为它有经济政治和军事的维度。以澳大利亚和新西兰为例。两国都在中国东边，地理上讲应该算是东方国家，却被普遍看作西方国家。它们又属于所谓"大洋洲"，但由于"大洋洲"概念不大受待见，又常常被归在"亚太"区域，某些西方人干脆把它们当作地理亚洲的一部分。

再比如日本，它在中国的正东，地理上属于东方无疑（因日本也位于中国以东，所以汉语中较早就出现了"东瀛"一词），历史学界虽有人将其视为一个独立的文明，但不少人也把它视为中华文明的一个分支。但由于跟美国有军事同盟的关系，在政治方面与西方世界的价值观相似，当今日本竟被堂而皇之地当作西方世界的一部分。可见，所谓"西方"只是一个方便的说法，与其原初含义或严格意义上的方位含义已有很大的背离。

但若要深入思考中西文明的博弈大势，还得好好审视一下西欧。从方位上看，正如中国位于亚欧大陆的东端那样，西欧位于亚欧大陆的西端，或者说位于中华区域极西的地方。所以完全可以像西方人那样，把中国、日本和朝韩称为"远东"的做法，将西欧的文明叫作"远西文明"，而非通常所谓的"西方文明"。

远西的历史演进大致可以分为两个阶段：一是古希腊罗马阶段，二是中世纪至近现代的欧美阶段。如果采用汤因比的历史分期，中华文明的历史演进也可以分为两个阶段：一、夏商周至秦汉的古华夏阶段或古华夏文明；二、秦汉至今的中华文明阶段。

古希腊罗马文明大约肇始于公元前 12 世纪，至公元前 5 世纪希腊"古典"时代经历了一个文化意义上的高峰，在罗马帝国巅峰时期即公元 1—2 世纪又经历了一个疆域意义上的高峰。但紧接着，罗马帝国堕入了"3 世纪危机"这一低潮期。及至 5 世纪下半叶西罗马帝国灭亡时，古典意义上的希腊文明寿终正寝了。

接下来，现代西欧文明的前身出场。但西欧从 6 世纪起到 13 世纪开始崛起，经历了一个相对落后却不宜视为"黑暗"的漫长开发期，此即西欧的中世纪。其间，希腊罗马文明曾经的辉煌仿佛没能给它带来任何优势，似乎被遗忘了。从某种意义上讲，西欧人甚至不认为希腊罗马是其文明的前身。这就是为什么通常认为远西文明经历过所谓"断裂"。[1]

古华夏阶段的中华文明如果从夏算起，肇始于公元前 21 世纪，如果认为夏之存在证据不足，不能作为中华文明的起始，那就得从公元前 17 世纪末商之建立算起。经过周人建国第一个高峰，以及春秋战国时代诸子勃兴第二个高峰，及至秦朝建立，中华文明进入第二阶段。与远西明显不同的是，中华文明第一阶段和第二阶段之间的连续性较强，秦朝二世而亡并不等于华夏文明进入了衰亡期，而是从一个极高的起点出发，立即进入了下一个发展阶段，即郡县制统一国家阶段。

---

[1] 什么是"断裂"？"断裂"或"连续"，它有什么标准？这很可能是一笔糊涂账。即便是在古希腊罗马与欧洲中世纪文明之间，也有明显的连续性。其实，在西罗马帝国还没有灭亡之前，早在 4 世纪 20 年代，基督教就合法化了。392 年，基督教更成为国教。之后整个古希腊罗马世界发生了宗教和文化转型，文明形态发生非常大的变化，但不能说出现了断裂。转型有什么表现呢？古希腊罗马传统的多神崇拜，各种各样的相关祭祀活动统统被禁止了，奥林匹克运动也会被禁止了，古希腊罗马哲学家不能自由讨论问题了，哲学家受到迫害，有些哲学家甚至被迫害致死。笔者倾向于把这个叫作转型，而非断裂。因为这以后，从希腊罗马宗教和文化诞生的新文明居主导地位，可以把它叫作基督教文明。基督教文明利用罗马帝国的制度框架和基础设施不断生长。它统合了古希腊罗马文明的很多要素，如祭祀方面的要素、多神信仰要素、哲学要素，还有政治体制要素。古希腊罗马宗教的祭祀成分或多或少进入了基督教的礼拜仪式。古希腊罗马的多神信仰成分以三位一体的形式进入基督教的核心教义。古希腊哲学要素对基督教的原罪论、救赎论、来世赏罚论、三位一体论等产生了深刻影响。

从公元前 3 世纪下半叶秦汉王朝开始，至 15 世纪即明朝中期，中华文明经历了一个长达一千二百年的上升期，其间虽然也有过跌宕起伏，有过魏晋南北朝约四百年（尤其是"五胡十六国"时期）和五代十国约七十年的非大一统时期，但总体而言，呈一种螺旋形上升态势。

大约从明朝中期起，相对于远西而言，中华文明进入了一个漫长的衰落期；其间虽然也有过一定程度的经济繁荣和明清两朝的开疆拓土、清朝的人口大增，可是在科技和文化创新的意义上，无疑进入一个漫长的停滞和下降时期。至 1900 年的庚子事变、1911 年的辛亥革命，中华文明才否极泰来，重新进入上升通道。

相比之下，远西世界经历了 3 世纪至 11 世纪大约八百年的低落期后，进入了一个长达近千年的上升期和扩张期。其间，西欧依次发生了十字军东侵、大学兴起、地理扩张、文艺复兴、宗教改革、科学革命、启蒙运动和工业革命等重大历史运动，使其不仅空间扩张到全世界，人口大增，而且在经济、科技、政治乃至文化等方方面面，都取得了全球性的支配地位。直到两次世界大战结束以后的 1950—1960 年代，远西世界在亚非拉的殖民地纷纷独立，其扩张势头终于告一段落，文明才步入下降通道。

值得注意的是，在其漫长的上升期，远西世界虽然内部阶级斗争激烈，教派分裂与宗教战争不断，甚至国家之间战争连绵，却并没有经历过一种可与两晋南北朝和五代十国相比的长期战乱再加经济低迷的时期（两宋时代华夏世界虽然经济文化繁荣，但政治上并非统一，常常三国甚至四国并存），更没有经历过中国历史上司空见惯的水灾旱灾、大规模农民起义、游牧民族入侵和伴随而来的剧烈社会动荡和改朝换代。

在很大程度上，这解释了为什么远西世界不仅得以率先开出了现代资本主义，实现了工业化，而且其哲学、宗教、音乐、美术、建筑、文学、体育等一直都持续稳定地发展，也在很大程度上又解释了为什么及至20世纪，文明在远西看上去比在其他区域发育得更加精致。事实上，远西各国即便使用暴力敲开了东亚大门，东亚国家也乐于接受和吸纳起源于远西的现代经济制度、教育制度、基本政治理念，以及其文学、音乐、美术、建筑和体育等等，尽管这种接受和吸纳不可能没有选择和改造，不可能不伴随文明的杂合。

反观中华文明，如果每过两三百年甚或仅一百来年，就会发生大规模的农民起义或异族入侵，天翻地覆，改朝换代，现代资本主义何以能够顺利开出？工业革命何以能够如期发生？音乐、美术、建筑、文学和体育等何以能够不间断地朝精致化的方向演进？

暂且不论中华文明为什么没能率先开出现代工业资本主义以及相应的理念和制度，如果只谈"文化"，或许只有诗歌、书法、山水画等对物质条件要求不高的艺术样式在中华世界还有卓越的表现，其他方面实在难说。尽管如此，必须说中华文明是一个非常成功的文明。其成功很大程度上表现在从上古时代的商至今，虽然有起伏跌宕，却一直处在一个生生不息的发展壮大过程之中，至今仍方兴未艾。

眼下，全世界的中国人和华人有大约 15 亿，而西方各国的总人口还不到 9 亿。更重要的是，中华文明尤其是中国大陆的经济和科技生机勃勃，仍在迅速增长。相对而言，西方的经济和科技却表现疲弱。这意味着，全球地缘政治格局将发生深刻变化，两百多年来西方人所享有的支配地位将终结，世界将呈现出一派全新的景象。

附录一：文明的"本质"决定了国家强弱？

在文明的进程中，不光疆域广袤、人口众多、经济规模巨大是决定性因素，制度理念和技术水平同样重要，在特定时期可能更为重要。因而，一直以来有一个命题是，文明的本质决定了国家的强弱。但从长远看，因更高的制度和技术水平而暂时享有某些优势的国家，与暂时不享有这些优势但历史悠久、规模巨大的文明并非处在同一个层次。

文艺复兴时期的意大利的确一度很强盛，但这种强盛持久吗？西班牙、法国、英国、德国兴起后，哪里还有威尼斯、热那亚等城市国家的戏？它们根本没法同真正的欧洲大国相提并论。15 至 16 世纪以后兴起的西、法、英等国按一定的标准，当然是大国，但它们最多只是欧洲的大国，全球层面的大国一崛起，一盘散沙似的欧洲立马相形见绌。这就是为什么在二战后的雅尔塔体系中，英法等国在很大程度上已经靠边站，唱主角的成为美苏。然而这时的苏联也不是真正意义上的人口和经济大国，或者说，不是一个真正意义上的文明体系，这就是为什么几十年后苏联一解体，俄罗斯便立即降格成为一个二流国家。现在，世界舞台上的真正主角是中美两国。

在历史上，虽然雅典和马其顿这些蕞尔小国等以英勇的品质和先进的军事技术，打败了无比庞大的波斯帝国。但应注意，马其顿兴起时波斯已完全腐朽衰落了，可以说一击即溃，亚历山大的攻击似乎只是压垮骆驼的最后那根稻草。更应注意的是，在希腊世界，雅典、斯巴达（还有后来兴起的马其顿）绝对不是小国，而恰恰相反，是大国，甚至是超级大国。雅典鼎盛期加上奴隶、外邦人有四十来万人口，斯巴达鼎盛期加上与其紧密结盟的佩里奥西人和被其奴役的希洛人，人口也与雅典大体上相当，而一般希腊城邦人口只有几千人到两三万人。马其顿最初人口可能不如鼎盛时期的雅典和斯巴达多，但它兴起时，恰值各希腊主要城邦在长期混战中已经衰落不堪，元气耗尽，已不再是真正意义上的大国或强国。同样，公元前 4 世纪以降的罗马与周边意大利部落联盟或城邦相比，人口和经济规模都明显占据优势，尽管在国家管理、军队组织和外交政策方面，罗马人也很聪明，比它们更胜一筹。当罗马人正式展开与希腊人的角逐时，亚历山大的马其顿－希腊帝国不仅早已分裂为好几个国家，而且已不可逆转地衰落了，而现在的罗马早已不仅仅是罗马，而是拥有包括意大利、法国南部、西班牙和北非等地的人力物力资源的整个西地中海世界，是一个更大的文明体。

再以巴西为例。巴西的国土面积是日本的22倍多，人口也比日本多出六七千万，是德国人口的两倍多，但巴西已落后德国一个多世纪，这是否可以成为文明规模性不起本质作用的反例？看似无法反驳，却没有考虑到这一事实，即巴西能够在三四百年时间里，从热带雨林蛮荒之地演变为一个统一国家，及至今日已是一个有着2亿人口的工业化大国，这本身就是一个了不起的成就，而日本和德国不仅建立统一国家和完成工业化的时间明显早于巴西，而且是拥有悠久历史的国家，有着巴西根本没法比拟的优质人力资源。不难想见，巴西要将其众多人口的创造能量充分释放出来，还得花不少时间，但在目前阶段，把它与德国日本相比有欠公允。更何况巴西以其现有人口－经济规模，已然是南美领头羊，而随着南美经济一体化进程的推进，政治整合最终将提上议程，几十年后将不是巴西与德国而是整个南美与欧洲相比相提并论。同理，原本并没有尼日利亚这个国家，它是欧洲殖民者先瓜分欧洲后又撤离非洲的产物，现在仍是起码两大语言－宗教区域和多个部落的混合体，缺乏政治、社会和文化整合和制度积累，人力资本尚有待开发，国家建设尚在初级阶段，之所以能有1.6亿人口，很大程度得益于现代医疗卫生的进步。但尼日利亚作为一个人口大国，以其规模，假以时日，应能发挥整合非洲的关键作用。

有论者言及，制度仅在形式上可以模仿，但在本质上是很难学到的，现实地看，一个文明的制度是很难真正被另一个文明的国家学到的，这看似有道理，但若要说清楚一个文明的制度"本质"究竟是什么，却并不容易。本质主义是站不住脚的。国家组织形态的三权分立像亨廷顿所说的那样，是西方制度的本质吗？显然不是。这是相当晚近的事。既然不是什么本质，就不是非学不可的，如果真学了，也未必是好事，甚至可能是坏事，是很坏的事。非洲国家试图学了，但非洲国家政变不断，动乱不断，三权分立在那里压根儿就不能生根发芽。印度也学了，似乎学得好得多，但现在不少印度知识分子反而怪罪西方，认为印度发展之所以不如中国，一个极其重要的原因便在于引入了西方式的民主制度，或者说，正是西式民主阻碍了印度发展。他们正后悔食洋不化，自食苦果。如果西方制度真有什么"本质"，那也许可理解为所有现代社会都应践行的分享权力，或者说民众应能较大程度地问政参政（包括对政府问责）这个基本道理。辛亥革命以来，中国一直在实践这个道理，所取得的成绩也很不错，各级权位终身制的废除便是证明。从形式上看，最高权位早已不是一家一姓的私产，而是在完全不同姓氏的个人之间制度性地和平转移，并且实际实行的是集体领导。从旧时的正统观念来看，这实在是匪夷所思的，但在当今中国这已是一种制度，已是一种深入人心的根本性的价值观。然而，权力分享显然不是西方文明独一无二的"本质"。中国思想家早在先秦时代就在提倡"天下为公"了。

至于源于西方的现代工商企业制度、教育制度、体育制度、社会管理理念等，就更不是什么"本质"了。事实已经证明，这些东西都是可以移植的。东亚儒家文明圈对这些制度和理念的移植不仅相当成功，更大有青出于蓝而胜于蓝之势。当然，要在科技方面全面超越西方，还有很长的路要走。应注意，西方从15世纪末"崛起"到19世纪雄霸全球，花了约四百年，所以也不排除这种可能性，即非西方文明在科技方面或许会在相当长一段时间内赶不上西方。但这又有何妨？中国、印度甚或南美在最近的将来如果能在全球治理、经济进步、生态改善或人类总体生存状况提升方面发挥领导作用，之后再在科技方面全面赶超西方，就行了。几百年后，国家即便尚未消失，国家的内涵也必将大大变化。文明间的差别，或者说对文明差别的意识，原本就在模糊化，几百年后更可能不分彼此了。

因此，说文明的本质才是决定国家强弱的根本，我是不能苟同了。暂且不论"文明的本质"是极难界定的，即使能清晰地勾勒出所谓"文明的本质"，在逻辑上这也意味着，一个文明是不能发展演进的，不能由弱变强，或由强变弱的，因为文明早为其本质所规定，而本质是永恒不变的。既然如此，一个文明根本无需革新求变、奋发图强，因为本质早已事先决定了它的强弱，它的命运早已在冥冥中注定。这显然是讲不通的。

事实是，几百年来，欧洲文明经历了由弱变强，再由强变弱（相对而言）的过程，而中国和印度文明则经历了一个大体上相反的过程，即由强变弱，再由弱变强。

古代中国人、印度人、希腊人、犹太人认知世界的方式大同小异，在所谓"轴心时代"都经历了一种"飞跃"式的理性化进程；不同文明和不同种族的理性化形式有区别，不同时期不同文明和种族的理性化程度也有区别，但就它们都经历了一个理性化的进程而言，却没有本质区别。**理性是人类之所以为人类的根本，并无此文明有而彼文明没有之特殊性。如果一个文明真有什么本质，这本质大概就是理性本身。**

附录二：郑和下西洋与"地理大发现"

18 世纪之前，中国人口-经济规模之巨大，总体能力之强，明显超过了其他文明。这从大航海时代郑和七下西洋的壮举可见一斑。

公元 1405 年至 1430 年，正当葡萄牙人吹响欧洲大航海的号角时，郑和率数万人和数百艘船只组成了庞大舰队，七次航行，到过占城、爪哇、真腊、旧港、暹罗、满剌加、勃泥、苏门答腊、古里、阿鲁、柯枝、忽鲁谟斯、大葛兰、小葛兰、西洋琐里、苏禄、加异勒、阿丹、南巫里、甘巴里、兰山、彭亨，以及天方、木骨都束（位于现索马里）等三十多个国家或地区，规模之大，范围之广，在人类历史上实属空前，而且先于欧洲人的"地理大发现"，比哥伦布"发现"美洲早87年，比迪亚士发现好望角早83年。

回头看去，不难发现，郑和远航不仅只是一种国家行动或贸易行为，而是有着巨大的文明规模作后盾的，或者说是建立在一种强大的文化−技术能力的基础上的。这就是为什么在船队规模和船员人数方面，欧洲人的船队也根本不能同中国人的舰队相提并论。郑和第一次航行有士卒27800余人、"宝船"62艘，其中大者长约126米、宽约51米、9桅12帆、排水量约17708吨、载重量8500吨以上。相比之下，哥伦布仅有船只三艘，乘员88名，旗舰"圣马利亚"号仅宽8米、长38米，排水量仅250吨，约为郑和宝船的七十分之一；另外两艘船"平塔"号和"尼娜"就更小了，只有"圣马利亚号"的一半大。

中国人的远航能力并不是在一夜之间产生的，而有一个逐渐发展的过程，更得有巨大的文明规模和强大的文化−技术能力为支撑。宋时便已经出现了使用罗盘和海图、带有可调中心垂直升降板的平底船，布帆已取代了竹帆，甚至已建造了4层3桅，12张帆，可载500人的大型海船。据李约瑟研究，明朝海军在其全盛期即公元1420年前后，可能超过历史上任何时期的亚洲国家，也超过同时代任何欧洲国家，甚至可能超过欧洲所有国家海军的总和。另据费正清研究，1403 年至 1433 年间，南京附近的船坞就建造了大约 2000 艘船，其中包括近 100 艘 370 至 440 英尺（1 英尺 =0.3048 米）长、150 至 180 英尺宽的巨船。这表明，当时中国不仅已拥有远洋航海所必需的技术，所能动员的人力物力规模也大大超过了西欧。

西方研究者注意到，郑和舰队虽然七次远航，但中国人从不抢劫或屠杀，与葡萄牙人、荷兰人和侵略印度洋的其他欧洲人明显不同。的确如此，郑和舰队在与沿途各国各民族打交道的过程中，始终坚持和平、和睦、自律、平等的原则，不以大欺小，不恃强凌弱。这就与殖民扩张中海盗般的葡萄牙人唯利是图、烧杀抢掠的行径明显不同，与西班牙人在美洲大开杀戒，腰斩了阿兹台克和印加文明的行径更有天壤之别。

但今天人们对郑和下西洋并不是没有批评，如只重视政治影响，不谋求商业利益，说白了，就是太正人君子，太重义轻利，没能义利兼顾，较之哥伦布发现新大陆之一本万利，实在太不合算。然而实际上，当时欧洲仍然很穷，原因很大程度上在于气候较为寒冷，农业生产率不高，单位土地面积所能养活的人口只有中国的几分之一，再加长子继承制使其他儿子处于无业或失业状态，需要不断闯荡海外寻找机会，给欧洲人的海外扩张提供了源源不断的人力资源，于是对海外的侵略、掠夺和殖民成为必然。碰巧的是，离欧洲不远处，刚好有人烟稀少的巨大美洲等着被"发现"。哥伦布远航之所以成为一桩一本万利的买卖，很大程度也因运气。众所周知，哥伦布出发时，并不是要去发现美洲，而是因为通往印度和中国的陆路被奥斯曼人截断后，欧洲人必在相反方向（即往西航行）找到一条通往东方之路。这就是为什么只是在发现新大陆后好几十年，欧洲人才意识到，那里根本不是什么印度，而是一个全新的大陆，后来命名为"阿美利加"即美洲。

相比之下，因了挑战性极强的自然条件，华夏先民们为了求生存求发展，不得不与大自然进行永不懈怠的斗争，由此培养出一种吃苦耐劳、勤俭节约的生命品质，对艰苦生活的耐受力非常强，因而其单位土地面积产出率虽然高于欧洲（至少在大多数南方省份如此），人地关系相当紧张，人口压力却显得不如西欧大。同样重要的原因是，元末明初由于战乱的缘故，北方闲置了大量土地，云南贵州更有广阔的土地待开发，而东北、西北边疆的开发更得晚至清末甚至中华人民共和国时代才能提上日程。这就意味着，当时的中国人不太可能有"发现"并占领新大陆的动机。郑和不是一个唯利是图的商人，所以他不必像欧洲人那么猴急。要他下西洋"发现"新大陆，一本万利，实在有点强人所难。作为一种持续多年的国家行为，郑和下西洋究竟有何动机仍然值得研究，但是可以肯定，郑和远航除了给沿途带来了贸易与和平，也昭示了深厚的文明自信和文明力。

在 21 世纪的今日，复兴中的华夏文明必将有比郑和下西洋更卓越的表现。

附录三：再论世界体系理论中的
"中心"与"边缘"

陈维纲先生发表在《读书》的《文化·边缘正义·马克思主义的公共霸权理论》[1]一文，许多观点是有说服力的，但"边缘"概念的使用并非如此。

在文章中，"边缘"虽是一个修饰词，大多数情况下与其他词搭配使用，如"边缘正义""边缘国家""边缘民族""边缘世界""边缘角度""边缘文化民族主义"等。作者甚至还援用了世界体系理论家萨米尔·阿明的"边缘资本主义悖论"和"边缘资本主义畸形"这两个概念。这两个概念出现频率如此之高，说它们是陈维刚先生文章的关键词应该能够成立。何为"边缘"？所有发展中国家，包括中国在内。可使用"边缘"这个概念，必得预设"中心"。何为"中心"？这当然是欧美发达国家，外加日本。从文章内容来看，"中心"国家垄断了资产阶级作为历史主体所代表的资本主义-自由主义的现代性，而"边缘"国家，或至少某些"边缘"国家，在"中心"的压力和压迫之下，则走上了"畸形"的资本主义-自由主义

---

[1] 陈维纲,《文化·边缘正义·马克思主义的公共霸权理论》,《读书》
2004 年第 10、11 期。

发展道路。

姑且将这种认知称为"中心-边缘"论。这是标准的西方学院左派知识人的理论，也是最新版本的世界体系理论的一个极重要的内容。作为经典马克思主义的一个变体或者发展，世界体系理论在 1960 年代至 1980 年代十分倚重"中心-边缘"论。一大批理论家——从多斯桑托斯到沃勒斯坦，再从萨米尔·阿明到贡德·弗兰克，不一而足——无不使用这个概念。在他们看来，西方"中心"对非西方和"边缘"实施控制、剥削和压迫，而"边缘"则深深陷入了对"中心"的依附（运用于拉丁美洲，此即著名的"依附理论"）。在当时的情况下，似乎也只有这样做，才能更清楚地揭示世界经济政治格局的本质。可是，1980 年代以降，随着东亚国家和地区尤其是"四小龙"的迅速崛起，世界体系理论家们开始意识到，他们立论所高度倚赖的"中心"与"边缘"的划分，并非像他们先前所认为的那样泾渭分明；其先前所谓的"边缘"，或许并非那么"边缘"。既然理论与现实不太相符，对"中心-边缘"论作一定的修正，甚至将其完全否定摈弃，便成为必要了。于是，之前提出了"边缘资本主义悖论"的阿明的《世界一体化的挑战》(1996) 和弗兰克的《白银资本：重视经济全球化中的东方》（1998）问世了。

在综合大量历史研究成果的基础上，阿明得出了这一结论，即迄于公元 1500 年，如果以"产品剩余"规模和建立在此基础上的贸易规模计量，那么在两千多年来的文明史上，并非只存在一个中心，而存在三个"重要中心"，即中国、印度和地中海－西亚地区（自罗马、拜占庭至伊朗萨珊王朝以及阿拉伯哈里发帝国），而同一时期欧洲、日本的处境则与东南亚、中亚和非洲相仿，仅只是一些对应于"中心"的"周边地区"。[1] 然而，从 1500 年起，欧洲将美洲纳入其经济体系，进入了一个持久的发展期。可是即便如此，直至 1800 年，甚至可以说晚至 1840 年，"世界各主要地区"在发展水平上的差距也并不太明显。明显的差距是在 1800—1950 年才形成的。[2]

弗兰克的观点与阿明基本上相同，但其论证更充分，表述也更有力。在他看来，16 世纪以来欧洲的逐渐崛起并非意味着它居高临下，胜者通吃，把世界其他经济区域统统"并入"自己的经济体系；相反，"欧洲是后来才加入一个早已存在的世界经济体系，或者说加强了原来与之较为松散的联系"[3]；不仅如此，欧洲是凭靠从美洲攫取的大量白银，才得以参与到庞大的东亚贸易中，才"挤进世界上最豪华的贸易"，或者说"爬上亚洲的肩膀"；假如没有从美洲攫取的大量白银，欧洲"连一个脚趾也插不进来"。总之，欧洲的崛起，在极大程度上靠的是比它大得多的亚洲经济规模。[4] 但是，钟摆不可能永远

［1］ 萨米尔·阿明，《世界一体化的挑战》（任友谅等译），北京：社会科学文献出版社 2003 年，第 23—28 页。
［2］ 同上书，第 134—135 页。
［3］ 安·贡·弗兰克，《白银资本：重视经济全球化中的东方》（刘北成译），北京：中央编译出版社 2000 年，第 12 页。
［4］ 同上书，第 373—380 页。

只往一边摆动，于是现在我们看到，"世界的经济中心正在转回它在西方兴起以前的位置"，因此"如果非要说有什么'中心'的话……不是处于边缘的欧洲，而是中国更有资格以'中心'自居"[1]。

没有必要全盘接受这些理论家的看法。尽管弗兰克的目的是要矫欧洲中心论之枉，但其论断显然有否认西欧率先开出资本主义－自由主义现代性的倾向，也很容易让人产生一种中国中心论的印象。因此，有必要在其工作的基础上，进行更深入的研究。具体来说，得弄明白：1800 年以前不同文明间的长程洲际贸易，究竟在何种意义和多大程度上是欧洲崛起的重要因素？除此之外，还有其他什么因素有助于欧洲的崛起？这些因素是什么？它们与长程洲际贸易的关系如何？也需注意，在历史学家眼中，亚洲特别是中国在很长一段历史时期中比欧洲更为繁荣，这本来就是一个不争的历史事实，似乎没有太大的必要由世界体系理论家们来重新论证或重申一次。据世界银行和国际货币基金组织的统计，至 1830 年代，中国人均国内生产总值虽然只及欧洲的二分之一，但其经济规模仍然占全世界的三分之一。

应看到，世界体系论扩展了我们的视野，使中国学界得以超越现实格局，放眼人类文明的宏观走势，看清各主要地缘政治板块之间复杂的历史互动关系；在资本主义起源问题上，世

---

[1] 参见弗兰克，《白银资本》，中文版序。

界体系理论家也提供了一个新的视角，可借之得出这一认识：一个处在"世界体系"之外的孤立的欧洲，绝不可能单独开出资本主义－自由主义现代性，也就是说，资本主义－自由主义现代性虽然首先出现在欧洲，从根本上讲，却是世界各"重要中心"或主要文明长期互动的结果。如果说直至20世纪末，中国仍不能说已"重返世界舞台"，居于主动，那么再经过三四十年的发展，夺回其历来享有但在"150年左右和6代人时间里"一度"让出"的位置[1]，应该不是问题。再加历史悠久、人口众多的印度的迅猛发展，至21世纪中下叶，人类文明经过短暂"异动"，重返持续了两千年的多中心格局，一种欧美与其他文明区域之间的力量失衡已得到纠正的格局将成为现实。多中心意味着解中心，西方在近代初期的崛起所导致的文明间的权力不平衡状况有望从根本上消除。这必然意味着，西方左派的"中心－边缘"论将不再成立。

但陈维纲先生还认为，"资产阶级现代性的基本观念与制度（个人主义、宪政、人权、自由市场、法治等）在西方中心国家造就了生机勃勃的先进资本主义，但同样的观念和制度在边缘世界所产生的结果却恰恰相反；它所带来的只是极度的政治腐败和长期的经济衰滞"，而这种情景"最淋漓尽致的表现"，是所谓"后共产主义世界"的出现。这里要问的一个问题是，究竟是"资产阶级现代性"的基本观念和制度本身带来

---

[1] 见弗兰克，《白银资本》，中文版前言。

了如此后果，还是"边缘世界"因社会发展水平和既有文化形态等缘故，无法在有限的时间内将这些观念和制度整合到自己的历史发展中？本文作者以为，问题并非这些观念和制度本身所致，而是当它们移植到具体环境中时所遇到的困难所致。简单说来，就是所谓水土不服。无论通过"霸权"还是通过其他途径，只要能有一个较长时间的"孵化期"，只要能获得一个大体上适应传统社会文化心理的和平发展机会，或者说，只要能成功地采用一种符合本国国情的发展模式，源于欧洲的现代理念和制度最终并不是不能在欧美以外落地生根、开花结果的，而且所开之花绝非"畸形"之花，所结之果绝非"畸形"之果。

实际上，这已为无数事实所证明。目前多数拉美、东亚和东南亚一些国家已通过这种或那种途径（可能是"霸权"的，但很难说是"非资产阶级"的途径）取得了较好的成绩。实际上，就连"边缘"效应最明显的"后共产主义"国家做得也很不错。尽管东欧的"后共产主义"国家仍存在大量问题，甚至是严重的问题，但其社会经济发展水平已相当高，是很难否认的。从时间上看，它们引入西欧观念和制度的历史也比亚洲更悠久。俄罗斯的"西化"运动早在18世纪初便全面启动了。此后虽有起伏跌宕，但从未真正停止过，直至目前也仍在进行。在个别情况下，一个非西方国家甚至不使用所谓"霸权"手段，也能取得卓著的成绩，如土耳其。西方率先开出的现代理念和制度在这些国家的表现形式很可能与欧美国家不尽相同，却有着与其相同的本质。不能因为形式的差异，而给这些国家贴上"边缘资本主义畸形"的标签，或认定它们只能搞"畸形"的资本主义-自由主义。当然，阿明所说的"边缘资本主义畸形"并非不存在。撒哈拉以南非洲许多国家就是现成的例子。在前宗主国的意识形态忽悠下，在其利诱哄骗下，更在超级大国的威逼和强制下，它们往往被迫生搬硬套、生吞活剥西方的观念和制度，结果无一不是连绵不断的灾祸与苦难。

但最能证明"边缘-中心"论不能成立的例子，还是中国本身。与一百多年前相比，中国经济和社会发展水平已有了有目共睹的提高，甚至可以说已经发生了质的飞跃。这一过程无疑是与我们引进西方现代理念和制度的努力同步发生的。中国的人权和法治状况同样也取得了有目共睹的改善。在很大程度上，这也是晚清以来我们一直致力于接受并运用现代理念和制度的结果。正是在此意义上，中国引入现代理念和制度的种种努力不可被简单化地视为"边缘"甚或"畸形"。

以上看法，也不难从先进理念和制度在其发源地欧洲的演进得到证实。即使在欧洲，这些理念和制度也是在经历了一个漫长而痛苦的过程之后，才落地生根，开花结果的。可以说，主要欧洲国家无不是在支付了一笔昂贵的流血和"霸权"学费以后，才最终拿到结业证的。十年前，我国读书界曾非常推崇英国的"渐进革命"。殊不知，即便是英国这种最平稳、最温和的改良模式，或所谓"非革命"模式，也是在经历了17世纪中叶那场大规模的、非常惨烈的资产阶级流血革命后，才成为可能的。在之后的三百来年里，经济凋敝、政治腐败、社会动荡，甚至大规模骚乱等"畸形"很大程度上仍是这个历史最悠久的现代资本主义国家的常态。迟至 20 世纪中叶，英国才算真正实现了社会稳定。

以上所说并不是要证明，欧美之外许多国家在引入现代理念和制度方面已臻于完美，甚至比欧美做得还好。总体而言，迄于目前，它们所做的或许还不那么完美，所以仍应在充分考虑本国国情的前提下，一如既往学习、吸纳既有的成功经验。但是，仅仅因为其现行理念和制度与欧美仍有一些形式上的差异，便把它们统统划归"边缘"，判为"畸型"，显然是错误的。

新文化运动以来中华文明的表现

问：您多年前就表示，新文化运动和五四运动对中华文明的再造至为关键；没有新文化运动和五四运动，便没有新中国，便没有中华文明的复兴。所以，要对新文化运动五四运动以来中华文明的表现作一个"盘点"。及至2019年恰好是五四运动一百周年，对一百来年中华文明方方面面的表现进行一个评估，不正当时候？

2019年是五四运动发端一百周年，这没错，但是纪念五四运动，不可拘泥于1919年这个时间界线，这太过死板，很容易低估从魏源到康有为、梁启超等一大批晚清思想家的重要性，无助于我们全面充分把握晚清以来文明再造工程的意义。

愿闻其详。

当时的一些思路甚或口号，例如"师夷之长技以制夷"、救亡图存、立孔教为国家、反帝反封建、"德先生"和"赛先生"（民主与科学），甚至"打孔家店"等等，固然抓住了中国所面临问题的严峻性，并提出了总的解决之道，但是有识之士意识到中华文明危机深重，并提出自己的解决方案，要比新文化运动早好几十年。可以说，陈独秀、吴虞、胡适、鲁迅等新文化运动干将，是康有为、梁启超和严复等先行者的精神嗣子。相比之下，倒是李鸿章"三千年未有之大变局"的说法，更能准确揭示出晚清中国所面临挑战的深刻性、全局性和严重性。李鸿章的说法虽嫌笼统，但他毕竟意识到，鸦片战争以来中国所遭遇的，不仅是西方日本在军事和经济层面的强大挑战，更是社会政治制度、文教、语言乃至价值理念的全面挑战。这其实也是一种深刻的精神挑战。这种挑战，是中国数千年来从来没有遇到过的，也是秦汉以降任何一次异族入侵和统治都没法比拟的。在此之前，中华民族虽然可能被打败、被征服，但总是占据着文明的制高点，征服者最终成为被征服者。可是这次不同，中国所面临的敌人，不是什么"蛮夷""生番""熟番"，而是同样拥有高度发达的文明。其文明之发达，甚至可能超过了中国。所以不妨将这种全新挑战称为"文明的挑战"，而之前遇到的所有挑战只是军事挑战、政治挑战。正是由于这种前所未有的文明挑战，才有晚清以来中国人的文化自觉，才有华夏文明的再造工程，才有中华文明复兴之说。

但是鸦片战争以后，中国到底面临着什么样的危机呢？

鸦片战争中，中国被英国打败，被迫割让香港并赔款，开放广州、厦门、福州、宁波、上海之通商口岸即"五口通商"。在甲午战争中，偌大一个中国，拥有亚洲最庞大的海军，竟被曾经的朝贡国日本打败了。除了支付一笔巨额战争赔款，还割让了台湾。要不是欧洲列强出于嫉妒，出面对日本进行干涉，辽东半岛也可能被割出去了。这当然是奇耻大辱，但晚清中华文明的危机，可能比割地赔款还要深重。

为什么这么讲？

几千年来，中国一直是文明的中心，在东亚和中亚国际秩序中拥有最高权威，此即东亚朝贡体系。但是早在17世纪末18世纪初，中俄之间便以相互平等的地位签订了《尼布楚条约》和《恰克图条约》。这已不是东亚朝贡体系的传统，而是源自西欧条约体系的做法。其后果是，自古以来中国在东亚至高无上的国际地位被否定了，以中国为中心的东亚朝贡体系开始动摇。其实，早在1603年，日本德川幕府统一全国后，便停止了向中国朝贡。及至清朝中期，朝贡国已减少到朝鲜、越南、缅甸、暹罗等七个。1728年，在清朝与俄罗斯签订的《恰克图条约》中，中国与俄罗斯已是一种形式上的平等关系，清朝实质上已经放弃了其在东亚朝贡体系里至高无上的地位。[1]18 世纪末乾隆时代晚期，英国马戛尔尼使团来华，欧洲条约体系更是径直走上门来，向亚洲朝贡体系叫板，与之发生直接冲突。1842 年《南京条约》签订后，朝贡体系迅速坍塌。之后西方各国、俄国和日本又强加给我国一系列不平等条约，如《天津条约》《瑷珲条约》《北京条约》以及《中日修好条约》等，不一而足。中法战争和甲午战争后，又被迫签订了《中法新约》和《马关条约》，东亚朝贡体系荡然无存。义和团事变后，更签订了《辛丑条约》，中国的厄运无以复加，遂有"半殖民地"的说法。当然，中国的反弹也很迅速。从 1919 年开始，在 1920 年代至抗日战争爆发之前，国民政府在形式上将大多数不平等条约废除了，也收回了除上海以外天津、汉口和广州的所有租界，只剩下香港还未收回。新中国成立以后，我们其实是可以径直收回香港的，但是领导人考虑到复杂的国际关系，仔细权衡了利弊后，都决定暂不收回。无论如何，最屈辱的时代过去了。一年之后爆发了朝鲜战争，后来还有六七十年代的越南战争，中国在国际地缘政治舞台上扮起玩家的角色来。

要说当地缘政治玩家，实际上从抗战起，中国就已经开始扮演这种角色了。要不是我们把日本陆军兵力的三分之二以上牵制在中国战场，日本能那么容易被打败吗？中国对国际反法西斯战争的贡献，先前被有意无意地忽视了，近年来又才逐渐

---

[1] 滨下武志，《中国、东亚与全球经济：区域和历史的视角》，北京：社会科学文献出版社 2009 年，第 32—33 页。

受到重视。但是作为一个文明，中国体量太过巨大，不然就没法解释为什么二战结束之时，美、俄、中、英会共同发起成立联合国了。只不过，1840年代西方列强大举东进时，恰逢中国国势极度衰弱之时，情况危急，所以一直以来，被很多人看作天生的弱国，很多中国人也这么看。这些中国人可能太过健忘，甚至可以说有受气包心理，或者说太过习惯于以弱者、受害者自居。**实际上，中国历来就是一个大国强国，一个天生的大国强国，因种种原因陷入低谷，一旦否极泰来，反弹力度之大，超乎想象。**

当下的时代，中国取得了巨大的成就，晚清和新文化运动先觉者们若地下有知，该是多么欣慰！他们所憧憬的新中国，大概就是这个样子了。

中国的确取得了巨大的成绩。尽管如此，也不可以太得意。众所周知，三十几年急剧发展带来的诸多问题正制约着中国的进一步崛起。我们的文明中蕴藏着巨大的能量，这是没有疑问的，但这巨大能量只有在这些发展中带来的问题大体得到解决后，才可能充分释放出来。

更何况美国仍然很牛气。

美国仍然很牛，这是事实，只是不知道按目前这种牛法，还能持续多久。很多人认为，它正在迅速衰落，但这也许并不是事实。事实是，眼下美国的相对国力明显超过100年前。那时它还不大被欧洲列强瞧得起，虽然 GDP 已排世界第一。美国真正成为世界强权，是二战以后的事。恰恰在此时，中国人站起来了。接下来，发生了朝鲜战争，中美打了个平手。这场战争对两国的意义是不同的。对美国来说，这是有史以来第一次境外作战未能取胜；对中国而言，这是近代以来第一次大规模境外作战并取得了可观的战绩。就算打成了平手吧，中国通过朝鲜战争向全世界宣示：它不仅不再像从前那么软弱好欺，而且是一个货真价实的地缘政治玩家。

虽然如此，中国不可能恢复传统朝贡体系了，或者说 17世纪前中国在东亚、东南亚和中亚所享有的那种至高无上的地位，一去不复返了。这个问题您怎么看？

东亚朝贡体系崩溃了就崩溃了。对晚清的先行者如康有为等来说，这是天崩地裂、悽然惶然无比悲凉的一件事，可是对于新文化运动和五四运动干将们而言，传统朝贡体系是"反动"的东西，代表着"封建""落后"，并不值得留念。屡屡战败、割地赔款的灾难已使当时中国人痛切地意识到，国家应不分大小、一律平等。国家平等、民族自决、领土和主权神圣不可侵犯等现代观念虽然起源于欧洲，但在处理当今国际关系方面，仍具有一定的合理性。尽管在联合国一类国际机构的投票中，有 14 亿多人口的中国与仅有 1 万来人的太平洋小国图瓦卢都只有一票，看上去极不合理。可是如果摒弃上述国际关系准则，则赤裸裸的弱肉强食就将重现，从前那种强凌弱、大吃小的丛林景象，就将再次主宰地球。

不难看出，当年新文化运动先觉者高屋建瓴，把我们引上了一条正确的道路。即便今日中国再度崛起，传统文化、传统观念有了一定程度的复苏，也没有必要全盘复旧。难道要重新回到朝贡体系不成？那是根本不可能的。再说一遍，眼下通行的国家平等原则固然源自欧洲，却有其合理性。中国人不仅接受它，更积极实践它，甚至比西方人有过之而无不及。鸦片战争以来，中国人吃尽了强权政治的苦头。如果说西方人主导了1600年以来全球化第一波浪潮，那么东亚和南亚诸国很可能将主导全球化的第二波浪潮，但这并非意味着，今后国际关系准则将发生质的变化，旧时的朝贡体系将得到恢复。朝贡体系虽然有其合理性，如用极小的成本在一个巨大区域内维系一种相对稳定的国际关系，但也有明显的弱点：一旦核心国家（主要是中国）内乱或衰弱，体系便运转不灵。此外，在该体系中，核心国家垄断了形式意义上的合法性资源（比如周边的君主须接受中国皇帝册封，方能获得政治合法性），小国无尊严可言，至少形式上如此。那时的国际关系是不平等的，甚至有悖人性。今天，朝贡体系已经成为历史，但中国正大踏步地走向世界，尽管在新的国际秩序中仍感觉不那么自在，却正在获得越来越大的发言权，若不出意外，几十年后将成为其中最重要的角色。

虽然说国家不分大小一律平等的理念源自西方，确切地说，源自《威斯特伐利亚和约》，但西方人往往并不遵守这一原则。

他们不仅不遵守这个原则，而且是这个原则的最大破坏者。16 世纪以后，欧洲人从小小的西欧一角扩张到整个美洲、澳洲、非洲，以及亚洲很大一片区域，建立了一个可谓全球性的欧洲殖民体系。殖民地原有的国家、民族，或族群与宗主国的关系是平等的吗？当然不平等，二者的关系是宰割与被宰割、掠夺与被掠夺的关系。因此，欧洲人所谓国家不分大小一律平等的原则，只适用于欧洲的基督教国家相比之下，东亚朝贡体系尽管也有问题，但是比之欧洲殖民体系，却更为仁慈。中国虽然强大得多，却并不去占领藩属国的土地，掠夺那里的财富。中国甚至用比朝贡国进献的贡品价值高得多的礼品回赠它们，"朝贡贸易"随之兴盛起来。从西方来看，只是在《威斯特伐利亚和约》签订 300 年后，即二战后去殖民化浪潮汹涌袭来之时，欧洲殖民体系才最终解体，欧洲人尤其是"进步"的左派才高扬民族自决、国家平等理念。即便如此，欧洲人的后裔仍占据着南北美洲和澳洲。今天，平均每个欧洲人和欧洲人后裔所拥有的地球土地资源比其他人种要多出很多倍。他们应有负疚感。人类太健忘了。

欧洲殖民体系崩溃了，可是美国作为欧洲的延伸，美国人作为欧洲人的后裔，却以英国殖民主义的受害者自居，借此撇清与殖民主义的关系。您怎么看中美关系？

在欧洲迅速衰落的当今时代，美国作为一个后起大国，可以说全盘继承了欧洲霸权。尽管由于中国、印度等国崛起，美国相对衰落了，但是它在科技创新、大学体系、联盟体系和伙伴关系方面，仍享有独一无二的优势，这是目前包括中国在内的任何一个国家都没法相比的。中华文明有着平和、内敛的气质，我以为，中美关系虽然前路坎坷，却并非不可以管控。

邓小平不早就说过，中美关系再好也好不到哪里去，再差也差不到哪里去么？

其实，中美联手的抗日战争、中美间接对抗的朝鲜战争和越南战争，以及20世纪70年代初中美联手博弈苏联，这些事实都预示着，在今后几十年上百年，中美会是一对打骂"夫妻"。恩恩爱爱，相敬如宾是不可能的，但要撕破脸皮、一决雄雌，同样也很难想象。双方既有方方面面的利害冲突，又有千丝万缕的利益纠葛。在伊核问题、朝核问题、气候问题以及维和问题上，中美利益是一致的，也的确有不少的合作。二三十年后，中国进一步崛起，势必承担更多、更大的国际义务。作为一个有着维护和平和稳定义务的先行大国，美国人若明智，就将发现美中有更多更大的合作空间，从更深层面看，中国经济已成为目前仍为西方主导的世界经济体系的一部分，中国经济与世界经济已是你中有我，我中有你，水乳交融，浑然一体。所以从根本看，中美和则两赢，斗则两输。中美要有足够的智慧管理好相互关系。

下 编
古代文明的当代观照

西方文明前传

一、埃　　及

1. 来自尼罗河的序章

西方文明的前身是古希腊罗马文明和叙利亚文明，而这两个文明的前身又是埃及和两河流域文明。先看看埃及。

因为尼罗河，埃及诞生了最早的人类文明之一。

这个文明如此早慧，以至于多个世纪后当希腊崛起，产生了像希罗多德一类文化人时，埃及已是 3000 来岁的高龄，垂垂老矣。当希罗多德来埃及游历时，他不可能意识到这一点，但这并不妨碍他引用一个当时人们普遍认同的判断："埃及是尼罗河的赠礼。"

的确如此。每年尼罗河水定期泛滥，给河谷地区带来一层厚厚的淤泥，使宽达十几公里的两岸土地肥沃而松软，在新石器时代晚期，人类只需使用原始简陋的工具，便能耕作。不仅如此，这里纬度低，气温高，庄稼可一年三熟。这就是为什么早在距今5500 至 6000 年时，埃及文明就已划破长夜，晨曦初露。

埃及文明兴起之时，被认为给西方带来了科学、艺术、哲学等的希腊人还不知在哪里，后来所谓的"希腊"在那时还是蛮荒之地。晚至公元前 7—6 世纪，即埃及文明诞生后近 3000 年，希腊才发生了"东方化革命"，希腊人才汲汲于引进埃及（当然还有两河流域）的宗教、神话、艺术、文学、哲学、科学、技术等。在此期间及之后，希腊社会发生了转型，然后才有了今人熟知的"希腊文明"。

埃及崛起时，给西方人带来宗教和伦理道德意识的叙利亚社会也不知在哪里。过了大约 2000 年，即公元前 1300 年前后，一批以色列人才来到尼罗河三角洲居住。他们在埃及生活了四百来年，在那里学会了农业，从游牧人转变为农人，开始耕种、打鱼和畜牧。他们受到埃及君主保护，过着平和安乐的生活，这一切在《旧约》中都有记载。

作为物质文明的一个成就，金字塔固然引人注目，但埃及精神文明的影响可能使金字塔相形见绌。西方文明的根本是基督教，而基督教的一个基本理念是灵魂不灭说。在西亚地中海世界，灵魂不灭说最早在埃及人中流行，后来被很多古代宗教吸纳，包括基督教。但早在基督教兴起之前五百来年，灵魂不灭说便流行于毕达哥拉斯等希腊哲学家当中了。

换句话说，灵魂不灭说源于埃及，由希腊哲学进入基督教，再由基督教进入西方人的精神世界。事实上，灵魂不灭说在柏拉图思想中占有突出的地位，也是希腊哲学融入基督教的一个重要的契合点，但早在公元前5世纪希罗多德便意识到灵魂不灭说源自埃及。

基督教还有一个至关重要的教义："三位一体。"在这种教义中，上帝虽是唯一真神，却分为圣父、圣子、圣灵三个位格；此三者虽有特定位份，却同具一个本体，同为一个独一无二的真神。但该教义很可能源自埃及人的宗教信仰。

事实上，在太阳城，伊西斯神的独生子荷鲁斯与太阳神合而为一；在底比斯，阿蒙、图姆和拉被合归为太阳神。同样在太阳城，哈玛基斯神、图姆神和拉神也被合归为太阳神。三位一体——同一个神以三种形态出现——教义就这样产生了。

除了以上各方面，在"基础设施"方面，古希腊罗马文明也深深得益于埃及。

正是在"罗马治下的和平"（*Pax Romana*）下，希腊罗马和叙利亚（即希伯来）文明才有机会进行深入互动和深度融合，然后才谈得上基督教的兴起和迅速发展，后来合法化，再后来成为罗马国教，之后更成为整个欧洲和拜占庭帝国的宗教。人们常说，基督教是"二希"杂合的产物。可是基督教是如何做到这一点的呢？当然得利用罗马帝国时期所达到的较高经济社会发展水平和精神发展水平，同时还得利用罗马帝国修建的遍布整个地中海西亚世界的大道、港口、所开辟的海道，以及其他基础设施如高架引水工程，大量的神庙、竞技场和公共澡堂等。

正是在这种条件下，再加上相对和平，帝国各地的人们才能完全自由地周游四方，交流思想。正是在这种情形下，基督教才得以迅速发展壮大。事实上，基督教战胜了其他所有古代宗教，正是在此之后西亚地中海世界才发生了深刻转型。然后，才谈得上西方文明的兴起，才谈得上西方的今生今世。罗马帝国不是凭空产生的，必得利用更为古老的埃及和其他区域的文明成果。

因此完全可以说：西方文明的前身是埃及。

2. 埃及文明衰亡的秘密

古代埃及和古代中国同属"四大文明"，可为何埃及早在公元纪年前就衰亡了，而中华文明却能绵延至今？

从地理方面看，埃及为一道道天然屏障所环绕，西临沙漠，北滨地中海，南边是崇山峻岭，东边则为红海所潘屏。这种地理条件使埃及在长时期内不易受到外敌攻击，但也使它成为一个相对封闭的文明。在公元前 12 世纪地中海东部世界开始轰轰烈烈的文明碰撞融合之前，埃及与其他上古文明如苏美尔、巴比伦、赫梯和克里特之间虽然有不少交往，但相对而言，缺乏深层次的互动，甚至连马都是入侵的喜克索斯人引入埃及的。安逸的生存环境很容易滋生保守的心态。在西亚地中海所有古代民族中，埃及人内河航运虽较为发达，却一直未能发展出值得注意的航海技术。这应既是其保守心态的结果，也是这种心态的反映。在艺术方面，第一和第二王朝时期就已形成的一套表现人像的固定程式也同象形文字一样，被之后历朝历代视为圭臬，历经三千年竟保持不变。

然而相对封闭的地缘环境也使埃及在长时期内能够不受干扰地发展，最后达到圆熟的境地。在艺术上，创造性高峰发生在新王国阿蒙霍特普三世当政期即公元前1400年前后。在宗教上，埃及文明的光辉顶点当为埃赫那吞宗教改革。此时，埃及人在没有受到任何外来影响的情况下，在人类历史上首次提出了唯一神论思想，并进行了相应的教义和教仪改革（尽管以今人的眼光看，这种唯一神论可能不那么纯粹，但后来叙利亚文明更为纯粹的唯一神论从初创到成熟毕竟演进发展了七八百年时间）。可自此以后，埃及文明再也没能表现出真正的活力，似乎再也没能出现值得大书特书的新动向，直至最终消亡在席卷整个西亚地中海世界的汹涌澎湃的文明碰撞和冲突中。尽管如此，埃及仍经历了任何古文明通常应经历的萌芽、生长、开花、结果的全过程，而其他很多文明，如克里特、迈锡尼、赫梯、秘鲁和阿兹台克文明，却在与异质文明的相遇和碰撞中过早地结束了这一过程。

反观古代中国，不难发现除了疆域比埃及大得多，在其他方面与它却十分相似，如气候都适合大规模农耕，都为群山、沙漠戈壁和海洋所包围，都经历了多个朝代的循环更替，都有绵延两三千年的文明史。可华夏世界虽不断受到北方游牧民族的侵扰，明代中期东南沿海更有倭寇骚扰，但总的说来，一直是既有机会也有意愿吸收外来文化的。相比之下，古埃及在这方面似乎比较欠缺。在古代西亚、印度和华夏，几个重要的文明几乎是同步发展的。这些文明之间也一直有互动，这就使各文明的主要农作物基本相同，金属和马也几乎同时使用。从华夏世界看，在相当长的时间内，文明的演进虽与地中海、西亚和印度大体上隔离，但与这几个区域却并非没有联系，否则就谈不上中国通过佛教对印度甚至希腊文化要素的吸纳。事实上，古代中国通过现在的新疆地区和中亚引进了诸多域外文化成果，如古希腊人的绘画和雕塑技法、阿拉伯人的数学和天文学，以及杂技、舞蹈、音乐（从"胡舞""胡琴""唢呐"等名词可见一斑）和胡萝卜、苜蓿、葡萄、西瓜、黄瓜、蚕豆、青葱、大蒜、胡椒、芝麻等农作物。在科技方面，中国也引入了北非西亚的玻璃制造方法，并经由波斯和印度引进了域外的医学知识。在器物方面，中国从西边引入的域外东西就更多了，如珊瑚、琥珀、玛瑙、水晶、钻石，连椅子和凳子的概念也是引入的。16—17世纪以来，更是舶来了原产自美洲的玉米、番薯、马铃薯、豆薯（别名地瓜、凉薯）、木薯、花生、南瓜、向日葵、辣椒、番茄、菜豆、菠萝、番石榴等农作物。不用说，这些引进都大大丰富了中华文化。

更重要的是，在引进域外文化的同时，中华文明成功地保持了其精神同一性。佛教、琐罗亚斯德教、伊斯兰教、犹太教、景教、天主教，以及鸦片战争后进入的各基督新教派别都在中国传过教。除了与本土文化因素有较强亲和性的佛教对中华文明产生了深远影响外，其他宗教所产生的影响十分有限。甚至可以说，中华文明对上述宗教表现出了很强的同化力。除佛教与中国文化最后完全融为一体，成为中华文明的有机组成部分以外，琐罗亚斯德教、犹太教、景教等要么被吸收，要么改头换面以中国化的形式出现。相比之下，埃及文明虽然颇受到其他古代民族钦羡，却并没能表现出同样强大的同化力。

问题是，中华文明何以拥有这种同化力？从根本上讲，这是由于华夏世界很早便形成了巨大的疆域和人口规模。这里，疆域－人口规模不能分开来看。疆域－人口规模的重要性体现在一个文明建立稳定政权及影响力所及的地域上，也表现在其疆域的集中——而非像罗马帝国那样分散在地中海—北非—西亚的广大沿海地区——程度与认同该文明的人口数量。在这方面，中华文明在秦始皇时代的得分就非常高。就人口数量和集中程度而言，它在文明史上大部时间得分都明显高于其他文明。这是因为中华文明从一开始就拥有广袤富饶的黄河和长江流域，后来更以这两个区域为基地，逐渐扩展到现代中国的所有版图。不仅如此，在这片广阔的土地上，在较早历史时期，认同中华文明的巨量人口就建立并维持了相对稳定的政治共同体。回头看埃及，不难发现，它虽有得天独厚的地理和自然条件，相对于地中海世界其他地区甚至有不少人口，却从未有过真正意义上的人口规模。[1]

---

[1] 参见本书"释义"部分"人口规模"条目。

不仅如此，埃及还将大量资源浪费于种种非生产性活动上，而非用于扩大其经济-人口规模。例如，基于一种虚妄的来世观念，一代又一代埃及人不仅修造了金字塔一类的巨大建筑、制作了大量昂贵的木乃伊，还维系了一个庞大的寄生性的祭司阶层。中王国以降，埃及更将大量资源用于对西亚和尼罗河上游的穷兵黩武，这不啻在骆驼的脊梁上添了最后一根草。恰逢其时，西亚地中海地区一些富于生机的文明已在埃及门前叫阵了。此时的埃及日薄西山、气息奄奄，完全丧失了应战的能力，只能任凭后发文明的摆布，最终将其吞噬。公元前 1000 年以降，外族入侵埃及的速度和频率均明显超过先前，而此时的埃及已毫无招架之力。文明的中兴既然无从谈起，埃及的最终命运便可想而知。

　　但是华夏与埃及的一个根本的不同还在于：中华文明虽然像埃及文明那样，在公元前 8—6 世纪的"轴心时代"之前早已诞生，却基于其独特的地理格局和自然条件，深度参与了轴心时代伟大的哲学-宗教创造活动，也分享了这些活动的精神成果。事实上，华夏世界与希腊罗马、西亚、印度同为四大轴心期文明创生区之一，而埃及文明无论从哪方面看，都只是一个非轴心期文明。中国不仅参与了轴心期的文化创造，在巩固、加强和扩大其文化成果的后轴心时代也成绩斐然。这不仅表现在疆域的不断扩大、共同体内部政治整合程度和文化一体化程度不断提高上，也表现在对其他文明区如印度、中亚和地中海世界的轴心期文化成果的吸收利用上。比之中国，埃及既未能参与轴心期激动人心的文化创造，也没能在葆有其文化主体性、同一性的前提下，借地缘之便充分吸收利用爱琴海和西亚地区轴心时代的新文化成果，借以实现文明的复兴，而是在一波又一波新文化浪潮中被完全淹没。

公元 7 世纪中叶以降，上古意义上的埃及文明不复存在了。尽管如此，没有埃及文明，就谈不上古希腊罗马文明，而古希腊罗马文明又是西方文明的前身。人类文明从埃及文明中受益匪浅，这是没有疑问的。

附录：古埃及人对来世的痴迷

在所有古代民族中，三千多年前的古埃及人对来世的执着或无出其右者。阿诺德·汤因比如是说：

> 埃及人热衷于追求死后的永垂不朽，他们对这种死后的追求甚至比追求任何在世之年可以得到的东西更加狂热……把更多的财富和精力用来建造陵墓而不是去修建房屋，用来将尸体做成木乃伊而不去装扮活人的躯体。在死亡面前，他们非但不退缩，反而将它视为人生中一个更长久、更重要的阶段，并在为迎接它的到来而做的准备

工作中憧憬着它，从中得到乐趣。

对死后永生的狂热追求驱使埃及人不仅修金字塔，还大建神庙。金字塔之风吹过之后便是神庙的时代，而且总趋势是，越往后，神庙便修得越宏伟，越高大。与之相应的是，祭司作为一个特殊阶级，越往后便越膨胀，越强势。

尽管胡佛以降，金字塔越修越小，至第五和第六王朝，法老们甚至不再建超大型金字塔以与前辈们一争高下，但也从这时起，统治者开始为太阳神修建宏伟的庙宇。在第十八王朝时期，扩建后的卡尔纳克神庙占地竟达 30 公顷以上，有大小神殿 20 余座，其中最大者宽 102 米、深 53 米，由 134 根巨型石柱支撑，其中最大的 12 根巨柱各高 23 米，周长 15 米，顶端之大，竟足以容纳 50 人站立！

其实，早在罗马帝国时代，基督教思想家亚历山大城的克莱门教父便注意到埃及神庙的穷奢极欲："在埃及地方，绿茵环绕，数不清的石柱耸立在神庙四周，墙壁以异域的大理石铺成，闪闪发光，壁画的艺术可谓登峰造极。圣殿里金碧辉煌，镶嵌了印度和埃塞俄比亚的彩石。这里的神龛更以纯金包体，极尽奢侈之能事。"

很明显，祭司阶层已成为埃及社会的毒瘤。王权当然必须依靠神权才能进行统治，因此法老与祭司之间存在着一种天然的合作关系。这里的关键是两种权力或两种势力之间的平衡。随着祭司阶级权势日增，王权与教权之间便不可能不出现严重冲突，且越到后来，这种冲突越具有结构性，越显得不可调和、不可克服。事实上从古王国后期始，祭司阶层便越来越庞大，越来越强势，与王权的矛盾也越来越激烈，对民众的经济压迫也就越来越沉重。

在太阳神崇拜之新神学的强制下，埃及社会被迫日复一日、年复一年地把法老当作太阳神来崇拜，为之举行极烦琐、昂贵的仪式。同时，埃及还为形形色色的小神祇修庙塑像，而且还举行烦琐而昂贵的祭拜仪式。这都大大加重了社会经济负担，埃及人被迫供养一个极其庞大的祭司阶层。作为寄生虫，祭司具有极强的剥削性、掠夺性和压迫性。及至十八王朝时期，僧侣和神庙更是势力大涨，对国家的控制和对社会的掠夺更上层楼。

及至十九王朝拉美西斯二世在位期间，祭司的权势提升到一个令人目眩的新高度，阿蒙祭司的职务竟已不再由国王任命，而改为父子世袭。在拉美西斯二世在位第四十六年的一次审判中，十名审判官中竟有九人为祭司。祭司阶级权势之大，似已无以复加。此时祭司享有明显过大的政治经济权力，即便这一时期埃及国势日衰，也未见他们有所收敛。

甚至晚至希腊人统治埃及之时（公元前 4 世纪晚期以后），神庙祭司仍然拥有巨大的社会和政治影响力。这对托勒密王朝的统治者无疑是一种强大的震慑。为了有效统治埃及，托勒密王朝的希腊国王们不得不实行宗教宽容政策，甚至对神庙祭司极尽讨好巴结之能事。

凡此种种表明，对死后永生的执着追求，使埃及与其他古代文明相比，只能是一个成绩不菲的先行者，却不可能对西亚地中海世界进行深度的整合，这项工作只能留给后起的文明来做了。既然把巨量的人力物力浪费于虚无缥缈的来世关怀，还能有其他结果？

任何一个文明都可能蕴含巨大的潜能等待释放，而只有满足了一些必要条件，才能将能量释放出来。就埃及而言，既然寄生的祭司阶级胃口太大，吸血太多，文明的潜能是不可能真正释放出来的。所以，从区域整合的宏观角度看，埃及不可能不是一只跛脚鸭。

这就是什么较之"发迹"之前的波斯人、希腊人和罗马人，埃及人所掌握的物质和文化资源尽管多得多，却没能久享国祚，表现出一种长时间维系一个大帝国的能力。这也是为什么埃及作为最早的古代文明之一，尽管创造了一个了不起的大帝国，尽管以种种方式（包括军事行动在内）启动了西亚地中海世界的文明整合进程，却注定只能是开个头而已。

二、两河流域

1. 从苏美尔到巴比伦

埃及是西方文明的前身。这个说法没有错，但还不完整。

除埃及以外，两河流域也是西方文明的前身。更准确、更形象地说，西方文明的双亲是希腊罗马和叙利亚文明，而希腊罗马和叙利亚文明的双亲则是埃及和两河流域的文明。

距今约5500年，亦即埃及崛起之时，在现伊拉克境内底格里斯河与幼发拉底河之间的两河地带（Mesopotamia）南部，另一个文明不约而同地诞生了，这就是苏美尔。苏美尔并不大，只比现在的以色列大一点。从人种（及语言）来看，苏美尔人既不是印欧人，也不是闪米特人，而是一个自成一体的种族。大约在公元前3500年或者说更早，苏美尔人从北部进入两河流域，开始生活在那里。

由于大河下游地区是沼泽地带，淤泥厚积，土壤肥沃，原始植被低矮易于清除，苏美尔人先于世界上其他民族"发明"了农业。这时的农业虽然原始，所提供的宝贵剩余，却使苏美尔人获得足够的人力资源和技术手段，得以在两河流域南部大规模挖沟开渠，修建复杂的排灌系统。这就使农业剩余量有了质的提高，使文明的诞生成为可能。

事实上，苏美尔人不仅开出了最早的人类文明，也为周边地区乃至整个西亚的文明演进打下基础，定下了调子。甚至在埃及文明的诞生过程中，也能见到苏美尔的影响，比如在刻有楔形文字的圆柱形陶器上加盖封印、砖砌的凹进式建筑，以及大量的苏美尔式工艺花纹。

繁荣了若干世纪后，苏美尔国家衰落了。之后，有多个民族入主两河流域，继承并发扬光大了苏美尔文明。其中一个民族即阿莫利特人，他们的国都即巴比伦这个城市，所以公元前16世纪以后，这里的文明也叫作巴比伦文明。但当今学界的一个共识是，古代两河流域是一个统一的文明，正如有一个统一的埃及、华夏或印度文明那样。

两河流域到底取得了哪些文明成就呢？

这里出现了世界最早的学校、最早的成文法典，以及最早的史诗。苏美尔史诗《吉尔伽美什》不仅影响了整个西亚和小亚的文学，也在希腊《荷马史诗》中留下了深深的烙印。《圣经·旧约》中的很多故事——如创世故事、大洪水、诺亚方舟故事等——在《圣经》成形前一两千年，便在两河流域广泛流传了；换言之，《圣经》故事的原型源于《吉尔伽美什》。

早在公元前3500年前后，苏美尔人便发明了象形文字，很快向表意方向发展，连同其书写方式即楔形文字，被后来居住在这里的其他民族所广泛采用。在腓尼基人那里，楔形文字最终演化成为字母，而腓尼基字母正是希腊字母、拉丁字母乃至世界上大多数字母文字的源头。

因统计牲群数量、计算谷物重量和测量土地面积的需要，两河流域的人们很早便发展了数学。他们很早便知道"位值"概念，例如25和52这两个数字中的2截然不同，前者是十位数2，代表20，后者是个位数2，代表2。后来希腊数学汲取了这里的先期成果。

两河流域的人们很早就知道圆周率约为3.13，已能解含三个未知数的方程式，还发明了十进位和六十进位两种计数法，其中六十进位法被应用于计算周天的度数和计时。众所周知，今日西方乃至全世界的度、分、秒之角度计量和时间划分，仍然遵循这种传统。

两河流域有古代最发达的天文学。这里的人们最早知道如何区别恒星与行星，最早将星体命名。这里的历法为太阴历，将一年分为十二个月，一昼夜分为十二个时辰，一年分为三百五十四日。为了解决地球绕日公转与月球绕地运行之间的差数，那里人们已知道设置闰月。

今天西方人常常说，古希腊第一个哲学家是泰勒斯（公元前 624—公元前 567），而他是第一个预测日食的人。这个说法有点一厢情愿。早在之前 1000 多年，两河流域的人们便已对日食、月食等天象进行了大规模观测和精确计算。有闪族血统的泰勒斯很可能山寨了他们的成果。

两河流域的人们还创造了星期制度，把一周分为七天，每天由一位星神掌管，如周日为太阳神、周一为月神、周二为火星神等等。这种制度今天仍在西方乃至全世界通行。

所有这些成就都是后起文明的养料。很难想象，没有这些成就，希腊罗马和叙利亚文明乃至今天的西方文明将是何等模样。这些文明有没有可能兴起，也未可知。

2. 凶残的亚述帝国

历史上，两河流域出现过多个强国，除了波斯、马其顿-希腊、罗马、拜占庭、阿拉伯和奥斯曼帝国以外，还有更早的由埃及人、阿卡德人、亚摩利人、亚述人和迦勒底人建立的国家。前六者非常有名，受到的关注较多，而后五者则不那么有名，容易被忽视。但亚述不同，与在它之前出现的几个王国或帝国相比，引人瞩目得多。

从公元前 9 世纪起，之前国运时升时降的亚述终于成为最强的国家，征服了当时西亚北非大多数民族，建立了第一个地跨亚非两大洲的真正的"普世帝国"。可以说，亚述帝国是人类历史上第一个真正的大帝国，比波斯、罗马和秦汉帝国都早。亚述遗址和文物众多，流传下来的文献也非常丰富，以至于研究古代两河文化的学问被叫作"亚述学"。

像之前所有的古代帝国那样，亚述帝国是靠武力建立起来的。不同之处是，其军事征服的残暴性大大超过了先前各国，很大程度上也正因此缘故才引起后世更多的注意。种种证据表明，战争中的亚述人广泛使用不必要的暴力，甚至对战败者进行极残暴的惩罚。在整个西亚，亚述军队铁蹄所至，无不是一派烧杀掠抢、毁城灭族的景象，而对于战俘，亚述人的政策通常是屠杀，甚至使用火烧、活剥、肢解、以尖桩悬挂戳死等令人发指的处死方式。

一位研究者根据古代文献写道：

> 战败者会被活剥、钉在树桩上、活筑于墙中、
> 阉割或者斩首。埃兰战败后，国王被斩首，头颅
> 被挂在一个被俘朝臣的脖子上；三个反叛者的头

领被连根拔掉舌头，然后被活剥；另外三个反叛的贵族被处决以后，尸体碎片被分发到周边各地；还有两个反叛者被迫去碾碎他们父亲的骨头。

亚述人不仅对战败被俘者实施五花八门的酷刑，而且在他们的史册和浮雕中，还以无比炫耀的口吻记录这种惨无人道的行为。正是这一点，使很多现代学者人认为他们生性残暴。

即使有时并没有取得太大的胜利，亚述人也会明显夸大其战功，炫耀其残暴。沙勒马那沙尔三世（公元前858—公元前824年在位）侵入中叙利亚时，与地中海东岸地区12国联军进行了一次大会战，在只占领了3个城市的情况下，便吹嘘"我用剑杀了他们的勇士14000人……我接连不断地把死亡降在他们身上……这个平原太小了，以致他们的尸体都无法躺倒，埋葬他们的尸体耗尽了广大乡村的土地，我用他们的尸体在奥伦特河上架起了一座桥"。

亚述人也是贪婪的掠夺者，仅仅在迦基米什一役，就掠走了大量的金床、金扣、金戒指、金剑、20塔伦特银子、100塔伦特青铜、250塔伦特铁；除此之外，还有象牙床、象牙宝座和象牙桌子。穆萨西尔一役，亚述人俘虏敌方士兵6100人、驴子380头、牛525头、绵羊1235只，此外还有34塔伦特金子、167塔伦特银子和青铜、铅、青金石、天青石、花瓶等。对于投降的城市，亚述人的标准做法是横征暴敛，大肆勒索，所获得财产又被用来大兴土木（后来的新巴比伦与其相比，实在是小巫见大巫）、饮宴游乐。这样，就很难说亚述人对被征服者进行了真正的统治，对帝国进行了真正的治理。这就迥异于后来的波斯等帝国。

惨烈的杀戮和横征暴敛不可能不激起反抗。被征服民族不断揭竿而起，反抗亚述，真可谓前仆后继，此起彼伏。为了维持其统治，亚述人对被征服民族搞"连根拔掉"，即实行整族迁徙的政策。从提格拉-帕拉萨三世开始，放逐被占领土地上民众的做法已制度化，至公元前612年帝国灭亡时，被放逐的人竟达四百万，犹太人亡国后就是这样处置的。

当然，提格拉-帕拉沙三世（公元前745—公元前727年在位）当政后，政策变得略微宽大一点，屠杀俘虏和被征服地区居民的情形较先前有所减少，而更倾向于将其蓄养为奴隶，原本将被无谓牺牲掉的异族人口，现在多少能够转化为可资利用的人力资源。这不是坏事，对于缓和与被征服者的关系，应该起到了一定作用。尽管如此，提格拉-帕拉沙三世并非一个宽厚仁慈的君王，其残暴性与其他亚述统治者相比，并不逊色多少。

对亚述人来说，政治智慧似乎根本就不存在，而一味暴虐，又不可能没有后果。在长期征战中，因战争伤亡和向新殖民点移民之缘故，可用于作战的亚述本族人口大量减员，最后消耗殆尽，再加此时亚述君主像埃及法老那样，与祭司阶层矛盾重重，受掣肘甚深，王权遭到严重削弱，故帝国貌似强大，实则外强中干。这就是为何在重新崛起的迦勒底人和米底人的联军面前，亚述竟不堪一击，轰然坍塌。公元前 612 年，亚述首都尼尼微不仅被联军攻陷，更是被夷为平地。一个不可一世的大帝国，竟死得如此迅疾，如此悲惨，如此难看。这里难道没有报应？

也不妨讲讲亚述国王的故事。在诸国王中，最值得注意的可能还是提格拉-帕拉沙三世。行伍出身的他，在内乱中掌握了军队，借此于公元前 745 年夺取了王位。但他一生中所做的最重要的事，是军队组织改革，即把军队组合成若干专门兵种，如骑兵、重装骑兵、轻装骑兵、战车兵、攻城兵、工兵等。再加铁器在亚述的广泛使用和战术方面的创新，这一切使亚述在西亚北非世界拥有了效率极高的军队。这是当时兵种最齐全、战斗力最强的一支军队，几可谓攻无不克、战无不胜。但是，尽管提格拉-帕拉沙三世是个第一流的军事改革家和谋略家，却并非真正的政治家。在他当政期间，亚述人在军事方面虽有重大斩获，他们与被征服民族的紧张关系并没能得到缓和。

提格拉-帕拉萨三世的后代如何呢？他儿子各方面能力远不及老子，即位不到五年，便被手下一个将领所取代。此人便是著名的萨尔贡二世（公元前 721—公元前 705 年在位）。萨尔贡二世和他的儿子、孙子、曾孙，四代国王都可以说是终生不离鞍马的能干人。他们风餐露宿，连年征战。但这也意味着，亚述战争机器永不歇息，在近一百年时间里连续不停地运转。

亚述人之所以没能更仁慈地对待被征服者，当时西亚北非真正意义的政治整合之所以没能出现，根本原因当然在于该区域经济社会发展水平过于低下，但现代人对于亚述人没能表现出真正的政治智慧，没能实行哪怕一点类似于"统战"的政策，仍会非常震惊。对于此时的西亚北非而言，无论臣服民族此起彼伏的起义多么正义，后果仍是血腥的战争——一座座城市被破坏，一个个民族被毁灭，在在处处是生灵涂炭，妻离子散，家破人亡。

难道萨尔贡二世及其三代子孙没有穷兵黩武，把战争变成生活本身？难道他们没有以明显高于先前的频度发动战争？一个不争的事实是，在萨尔贡二世之后大半个世纪，亚述接连不断对巴比伦和埃及用兵，多次攻陷巴比伦和埃及的孟菲斯，彻底摧毁埃及首都底比斯。但再强大的国家也经不起持续不断的折腾。纯粹仰赖武力征服，而不安抚怀柔被征服之人，至少与某些被征服民族结成"统一战线"，亚述人纵能勉强维持霸权，其人力物力也绝非取之不尽，用之不竭，而是有限的，甚至转瞬间就被消耗殆尽。

永不消停的战争给两河流域造成了无尽的创痛和苦难，也给亚述本身带来灭顶之灾。最后亚述沦为一具行尸走肉，都城尼尼微是因国力耗尽而陷落的。

3. 宽厚仁慈的波斯帝国

古代西亚地中海世界建立过帝国的，当然不仅有埃及人、迦勒底人、亚述人等，还有波斯人，而特别能引起后世注意的，不仅是其经营帝国时间之长、质量之高，都明显强过了先前的帝国，更是其相对的宽厚仁慈。

在崛起之前，波斯人民风古朴，英勇善战，吃苦耐劳，崇尚德行，还善于谋略。作为米底人（他们与迦勒底人结盟，灭掉亚述）的近亲，波斯人在公元前550年前是米底人的臣属。大约在公元前550年，在米底统治集团中一重要派别的支持下，阿黑门尼德家族一个叫居鲁士的人取代了米底国王提亚格斯，接管了米底王国，成为波斯帝国的缔造者。

大约在公元前547年，居鲁士征服、吞并了小亚的吕底亚。大约在同一时期，他东征米底东北部的游牧民族，将其置于波斯统治之下。至此，波斯对两河流域已形成东西夹击之势。公元前539年，居鲁士利用新巴比伦王国的内部矛盾，不战而屈人之兵，将其征服。

公元前525年，居鲁士之子冈比西斯征服了埃及。冈比西斯的继承者大流士一世更大大扩展了帝国疆域。在其统治下，波斯人征服了北方的游牧民族。在东边，波斯人抵达了印度河流域。在西北方向，波斯人扩张到多瑙河下游南岸，兵锋远至希腊的奥林帕斯山，甚至曾一度占领雅典。至此，波斯已成为有史以来幅员最广的帝国。

然而使今人更感兴趣的，还是这一事实：与拜占庭帝国甚或西罗马帝国相比，波斯帝国虽然享祚不长，却是历史上第一个相对稳定、仁慈宽厚或较少压迫性的帝国，也是第一个地跨亚非欧三大洲的超大政治实体。

也许，西亚地中海世界后起的帝国——马其顿-希腊帝国、罗马帝国、阿拉伯帝国等——更有能耐，其人口和经济规模超过了波斯，持续时间也更长，但波斯人毕竟在毫无先例可循的情况下，成功地将地跨三大洲的诸多民族纳入一个超大的政治共同体中。在文明史上，这不啻树立了一个全新的标杆。希腊人、罗马人和阿拉伯人的帝国等无疑受到了他们的启迪。只是在吸纳其治国理念和教训之基础上，这些后起的帝国才取得了更好的成绩。

问题是，波斯人为什么能够有这种引人注目的表现？与亚述人、米底人、迦勒底人——那些同样可能成就如此功业的西亚民族——相比，为什么唯独波斯人取得了成功？

除了其自身的优秀素质如勇敢善战、吃苦耐劳、崇尚德行、善于谋略外，还有更重要的客观因素在起作用。亚述人穷兵黩武，使西亚长期以来烽烟四起，兵燹不断，人们流离失所，妻离子散。雪上加霜的是，欧亚草原上的游牧民族也不断侵扰西亚。种种因素加在一起，使整个地区在相当长一段时间里处于一种四分五裂、战乱不已的状态。

显然，此时西亚所急需的是秩序与和平。波斯人无论出于何动机，从客观效果来看，他们对其他民族的态度都是相对仁慈的。这给西亚带来实实在在的秩序与和平，给这里各民族带来了渴望已久的休兵和平的机会。这多少就解释了为什么在帝国创立时期，在很多情况下波斯大军所到之处，不啻是神从天降，解民于倒悬，救民于水火。

从兵不血刃地征服新巴比伦王国起，波斯人就实行宽厚的民族政策。在战争中，波斯人表现出古代罕见的人道精神，给予被征服者充分的礼遇。与之前亚述帝国和新巴比伦帝国不同的是，波斯人对其他民族行使宗主权的方式非常简单，即只要承认其统治权，纳贡服从，其他一切都可以忽略。他们尽可能不改变原有的政治秩序和利益结构，让原统治者继续享有地方自治，甚至使他们尽可能不要感觉到波斯人的存在。波斯人也很尊重其他民族的宗教信仰，甚至动用一笔可观的财政经费，把被囚禁在巴比伦的犹太人送回家乡，帮助他们重新立国，重建神庙和家园。这跟儒家"兴灭国、继绝世"的王道理念如出一辙。

这些政策当然可以视为对亚述人、迦勒底人愚蠢民族政策的纠正。或可以说，波斯人把先前帝国的失败引为前车之鉴，正如唐太宗把隋朝的迅疾覆灭引为前车之鉴那样。这种做法产生了深远影响，后来希腊人、罗马人、拜占庭人、阿拉伯人和奥斯曼人无不受其启迪。

4. 波斯帝国的终结

按传统中国史观，天下大势久分必合，久合必分。这一史观似乎也适用于波斯帝国。

及至亚历山大一举击溃大流士三世，这一人类历史上首个地跨亚欧非的大帝国已存在了两百多年。问题是，此时的波斯帝国为何竟如此不堪一击？

亚历山大率领蓄谋已久的马其顿-希腊军队侵入波斯地界，一路风卷残云，所向披靡，大体上没有遇到像样的抵抗。之所以如此，马其顿-希腊人的军力优势固然是一个重要原因，但更深层的原因还在于，波斯帝国原本只是一个民族大拼盘，谈不上高度整合，维持了两百多年已实属不易，现在衰落了，再也不可能像推翻迦勒底人时那样登高一呼，万方响应。

当初，西亚各民族是把波斯人作为解放者来欢迎，真心实意地跟他们合作的。现在，帝国可谓一盘散沙，摇摇欲坠。高原上的游牧部族叛乱了，各地区的总督反叛了，而要指望那些表面上依然服顺的部落或民族继续支持波斯人，已不太可能。

犹太人、腓尼基人、阿拉米人等固然是波斯人更忠实的盟友，但埃及人、迦勒底人和小亚的希腊人从未真正驯服过。实际上从一开始，埃及人便不断发动起义，反抗波斯统治。大流士一世在位期间，小亚希腊城邦便揭竿而起。波斯人虽然镇压了起义，但随之而来的，却是持续十多年的两次波希战争，而按希腊方面的记载，据说两次波希战争波斯人都大败而归。

像所有建立帝国的古代民族那样，波斯人也未能免于黩武主义，尽管较之其他帝国尤其是亚述帝国，波斯帝国明显更宽厚。事实上，就在波斯帝国建立之初，居鲁士二世就对中亚游牧民族西徐亚人多次发动大规模军事行动，他本人便在交战中被杀。十几年后，同样是在对中亚游牧民族的战争中，大流士一世也差点遭受相同的命运。但波斯人所开展的最具灾难性的军事行动，可能还是大流士一世及其继承者对希腊发动的战争即波希战争（从希腊方面看则是希波战争）。有论者认为，正是从波希战争起，波斯帝国开始走向衰落。

波斯人也一直未能解决好帝位继承问题，皇室成员为争夺皇位自相残杀，至为惨烈。这对于政治稳定显然是极为不利的。由于波斯帝国在皇位继承制度的建设上毫无建树，后来希腊人、罗马人和阿拉伯人等的帝国竟然没有一个可供仿效的榜样。

如果对帝国灭亡的原因作更为深入的探究，不难发现，在其建立的过程中，被征服民族最初尽管能够与波斯人进行合作，但是从地理条件看，西亚地中海世界毕竟太过辽阔广大、枝蔓散乱，民族、宗教和文化之间的差异实在太大。这从根本上讲是不利于政治整合的。更严重的是，同亚述帝国和新巴比伦帝国相比，此时西亚各地区经济发展水平仍然不平衡，差别仍然太大，离真正的整合还有很大距离。没有经济整合的基础，社会、文化和政治整合便无从谈起。没有坚实的经济基础，族群间就不可能长久和平相处。

于是，波斯人不仅总体上实行一种相对宽厚仁慈的民族政策，也诉诸军事、行政和宗教手段来进行统治。大流士一世采取了一些更为有效的措施：建立完备的军政分权行省制，以加强皇帝对军队的控制；像秦始皇那样统一币制和度量衡，以祆教为国教；同时在赫梯人和亚述人的驿道基础上改善、扩建帝国的驿道系统，并打通从印度河口至埃及的海上航道。

可是，这些措施对区域经济整合虽然起到了较大的作用，对庞大帝国的维系做出了重要的贡献，却不足以从根本上改变各地区经济发展不平衡、民族混杂、文化杂多之局面，而恰恰是这些因素大大削弱了整个共同体的统合水平和总体能力。

事实上，较之亚述帝国时期，西亚地中海世界的经济虽有发展，但与此时尚未统一的华夏世界相比，波斯帝国依然是一个种族、宗教、文化、语言、习俗的大拼盘。在对待被征服民族方面，波斯人固然更为宽宏大度，但毕竟不可能从根本上改变其征服者、宗主国的身份，毕竟不可能改变帝国中征服与被征服、统治与被统治的关系。事实上，征服者与被征服者之间的结构性矛盾是不可消弭的。随着时间的推移，原先把波斯人视为解放者的民族不可能不与其发生利害冲突。

最后一个重要原因是，希腊重装步兵的兴起引发了西亚地中海世界的军事革命，但波斯人却未能进行与时俱进、适应形势的深刻变化。重装步兵能更好地抵御弓箭和投枪，近距离搏击时能得到更好的保护，只善骑射的波斯人这时有点不知所措，居然雇佣希腊人为其作战。一个以善战著称的民族，现在竟不得不雇佣潜在的敌人来打击敌人（事实上，后来马其顿-希腊联军之所以能轻松打垮波斯帝国，跟希腊雇佣军长期在波斯土地上作战，对那里情况尤其波斯军队的颓朽脆弱清清楚楚有极大的关系），这不是对自身战斗力失去信心是什么？

凡此种种解释了为何亚历山大东侵后，波斯帝国的一触即破。

希腊往事

一、苏格拉底之死

　　哲学家苏格拉底的名声固然是由柏拉图一类拥趸构建起来的，但在文明史上，一个大哲人竟然被国家法庭判刑处死，终究还是一件绝无仅有的事。

　　苏格拉底究竟是因何罪名被判死刑？是因"不敬神"和"败坏青年"？如果是，则"不敬神""败坏青年"是在何种意义上构成如此重罪？如果不是，他究竟又是在何种情况下因何种言行而获死刑？他的死可以避免吗？

　　若不深究，大可人云亦云说他是因"不敬神"和"败坏青年"而被处死的。但这并不等于弄清了事实真相。"不敬神"

的罪名或许来自他的哲学家或智术师的名声，而当时无论哲学家还是智术师对诸神都不那么恭敬了，他们都在进行"古代启蒙"，宣扬新潮哲学和"科学"思想，故"不敬神"的指控并不冤枉他们。问题是，不那么敬神的哲学家和智术师比比皆是，为何非把苏格拉底揪出来不可？看来"不敬神"即使可作罪名，却可能不具有太大的杀伤力。那么"败坏青年"何指？这不大像是一个"合适"的罪名。但恰恰是它，才真正置苏格拉底于死地。"败坏"绝非简单的道德腐蚀，而有致命的政治后果。

看来，不讲政治，是不可能探知苏格拉底之死的真正原因的。文献表明，苏格拉底不仅是个哲学家、道德家，多少也是个政治人。他被判刑处死，是在公元前 399 年，即雅典在伯罗奔尼撒战争中战败投降后的第五年。此时，激进民主派与贵族寡头派的冲突主导着整个希腊世界，数百个城邦可大致划分为民主制与寡头制两大类政体。而所谓寡头制，按现代标准仍是民主制，或不那么激进的民主制，斯巴达政制就清楚地说明了这一点。

从柏拉图、色诺芬笔下的苏格拉底对激进民主总是不屑甚至讥讽有加来看，苏格拉底的政治立场显然与寡头派相同或者相近。这个派别里虽有少量中产分子，但其核心却是部落贵族。苏格拉底本人虽出身平民，父亲为石雕师，但其弟子和朋友却属于贵族寡头派，如柏拉图的亲戚克里提亚和卡尔米德，苏格拉底的仰慕者亚西比得，以及柏拉图本人、色诺芬、柏拉图的哥哥阿迪曼托和格劳孔等。

特别值得一提的，是亚西比得。此人英俊潇洒、风流倜傥、能言善辩、精通音律，为当时雅典城的头号酷哥，粉丝无数，连口齿不清的毛病都有人模仿。坊间流言，说他与苏格拉底关系暧昧。这在柏拉图的著述里不难找到证明。在《会饮》中，亚西比得夸耀他与身材矮小、鼻子扁塌、皮肤黝黑，但与光芒四射、魅力无穷的苏格拉底在练身馆里调过情！他甚至当众色诱苏格拉底，无奈后者并不领情，使其阳谋未遂。但亚西比得是一个野心勃勃、富于攻击性的家伙。正是他凭着三寸不烂之舌，在公民大会上煽动、忽悠群众，使其所提远征西西里的动议在"公投"中获得通过，本人也被任命为远征军总指挥之一。但远征军离港后不久，他便因故叛逃到斯巴达，为高层出谋划策，给雅典造成了重大伤害。

这些部落精英都是苏格拉底朋友圈的重要人物。为了弄清事情的来龙去脉，让我们回到公元前404年。是年，雅典在持续二十七年的伯罗奔尼撒战争中战败投降，斯巴达军队进驻雅典，雅典人被迫拆毁防御性"长墙"和数百艘战舰。接下来，斯巴达在寡头派中指定了一个三十人委员会，为战后雅典制定法律法规。但这些人组成小集团，大搞恐怖政治，不经审判便对民主派大开杀戒，抄没其财产，并将很多人放逐。把民主派赶尽杀绝后，他们便在自伙儿内部杀起温和派来。这就是臭名昭著的"三十僭主"暴政，首脑人物正是克里提亚，柏拉图的另一个亲戚卡尔米德则为其帮凶。

僭主统治激起了强烈反弹，流亡的民主派积蓄力量，卷土重来，与寡头派在雅典城郊展开激战，寡头派败北，克里提亚和卡尔米德战死。这时，斯巴达见寡头派不得人心，也出于牵制正迅速崛起的底比斯的考虑，没进行干预，而是默许雅典恢复民主制，民主派遂得以复辟。僭主暴政虽只持续了八个月，但其间以种种罪名杀害的雅典人竟高达一千五百人，几乎与伯罗奔尼撒战争最后十年战死的人数相当。

　　值得注意的是，柏拉图虽写下大量有关苏格拉底的文字，但仅仅在《第七封书信》里顺带提及"三十僭主"；虽提到克里提亚，但对其罪行轻描淡写，对亚西比得更是一字未著。不仅如此，此两人还被安排为大量哲学对话的主人公。同样，色诺芬在《回忆苏格拉底》中也仅一次间接提到雅典人对克里提亚、卡尔米德和亚西比得等人的怨恨。不难想见，柏拉图、色诺芬是想要让苏格拉底与其贵族弟子脱钩，以证明其清白无辜。这些人的确犯了罪，但那是其秉性使然，与苏格拉底的熏染无关。问题是，为何柏拉图和色诺芬在克里提亚和亚西比得等人问题上如此讳莫如深？二人到底有何难言之隐？

　　要解开谜团，还得对雅典民主作一个考察。事实上，公元前5至公元前4世纪的激进民主是苏格拉底审判的一个极关键的因素。何谓"激进民主"？即 Democratia。从字面上看，它很像 democracy，内涵也确有相同之处，却又不尽相同。这是一种由群众通过公民大会、公民法庭等直接行使军事、政治、外交、法律和祭祀大权的氏族民主。其与西方现代民主的最大区别是：公民不仅参与军政首脑的选举，而且直接参与重大事务的决策。在西方现代民主中，公民只是选举出自己选区的议员和行政首脑，让他们替自己行使立法和行政的权力，并不参与也不可能直接参与立法和行政活动。换句话说，希腊民主是直接民主，西方现代民主是间接民主。直接民主只有在共同体规模很小的条件下才是可能的。

众所周知，17世纪以降，古希腊的民主开始受到推崇，至19世纪后期，甚至被知识分子大大拔高，以至于今天很多人以为，西方现代民主的源头就是希腊民主。但其并非起源于希腊，而是发端于基督教的平等理念和中世纪的议会制度和法律观念。事实上两种民主在源起、规模、形式和程序上都有很大差别。

一直以来国人崇拜希腊民主，崇拜一切希腊事物，这使得很多人对希腊民主的毛病视而不见。激进民主兴起后，雅典精英刻意迎合群众，使后者权力越来越大，不仅几千人聚集起来全民公投，选举领导人，以投票的方式就军政和外交大事进行表决，而且民众法庭也以投票的方式对被告做出生杀予夺的判决。于是，阿里斯提德、地米斯托克利、米尔提亚德等杰出军政人物被判流放或被"扔进地坑"，伯里克利虽然侥幸逃脱死刑，却仍被控为窃贼并被罚款，指挥阿吉纽西海战获胜的八位将军返回后立即被判死刑，更遑论苏格拉底被处死刑了。尤其让人大跌眼镜的是，苏格拉底被处死后不久，三个主要起诉者之一、民主派干将美勒托本人也被判处极刑，被乱石砸死；八位将军被判死刑后仅仅几天，主要起诉者也被处死。

雅典民主还做过其他傻事，仅举两例说明。

第一个例子是公元前416年雅典民众投票决定对弥罗斯岛居民进行灭族性屠杀。在雅典人看来这个蕞尔小城不识相，耍滑头，竟胆敢保持中立，既不跟雅典也不跟斯巴达结盟，而雅典如此强大，灭掉它实在是小菜一碟。据修昔底德，雅典人执行了公民大会决议，杀死了弥罗斯岛所有男子。

第二个例子是公元前415年雅典民众在亚西比德等人的忽悠下通过了决议，远征西西里岛的叙拉古城邦，企图吞并该城邦及周边土地。这意味着，在伯罗奔尼撒战争还远未结束的情况下，雅典又发动了另一场规模相当的战争，结果却是全军覆没。战死或被俘后被虐待至死者多达数万人，统帅尼西阿斯和德摩斯提尼都被俘虏处死。此役使雅典元气大伤，从此走向败落。

当然，雅典民主并非没有优点。它虽有以众暴寡的倾向，相对于西方现代民主在很多重要方面并非自由（如公民财产权得不到保障，没有不参与政治的权利，没有不敬拜城邦神的权利，甚至言论自由也受到一定的限制），但很大程度上，也正因为这个体制在雅典所创造的相对宽松的环境，才使悲剧、哲学、修辞术得以诞生，使诗歌、绘画、雕塑、音乐、科学等得以繁荣，使一大批文学家、艺术家和思想家得以涌现，对西方文明产生深远的影响。其最大长处，莫过于能较好地发挥人们的主观能动性，通过公民参政使其对国家怀有强烈的认同感。

此外，民主派在对待反对派方面，也明显比贵族寡头派仁慈，至少没有像他们那样大开杀戒。如果说雅典民主做了一些错事，那是因为它仍然发育不全。

为了真正弄清楚苏格拉底之死的来龙去脉，还得对当时的法律制度有所了解。如果把沿自氏族传统的雅典政制与现代民主制度作一个简单比较，不难发现，二者之间有非常明显的差异：在现代社会，任何诉讼都需要专业化的法律知识，被告一般会请辩护律师，但这种情形对雅典人来说是闻所未闻的。古希腊社会还没有发展出职业化的法官和律师概念。事实上，当时的雅典远未脱尽氏族遗风，法律仍然相当粗糙，尚未能从与政治、宗教和习俗中完全分化出来，立法、司法职能与军事、政治、宗教等职能仍然有很大程度的重合。那么，相当于法官、律师和陪审员等职能由谁来履行呢？由民众法庭来履行。而民众法庭又是由抽签产生的数百到数千名"陪审员"构成的。从人群心理学的角度看，在人群中，本来能够独立思考的个体不复存在，平日所受的道德约束突然消失，原始冲动、幼稚行为甚或犯罪倾向很容易爆发出来。如此这般，要总能做到公正合理，实在太难了。

由于希腊民主是一种原始民主，现代专业法庭和职业律师根本不存在，所以不仅任何公民可起诉任何被认犯法之人，而且从理论上讲，任何公民都可在民众法庭上发言，揭发控告任何个人的违法行为。这意味着，任何手握权力者都受到密切的监督和制约。从权力应当受到制衡这一民主原则看，普通公民监督并约束公职人员以防止其滥用公权，乃天经地义，但在粗陋民主的实际操作中，任何担任公职者，无论贤与不肖，随时都可能陷入被动乃至危险。不仅任何人可以起诉任何人，而且判决结果取决于一个多达五六千人的超大"陪审团"的投票，而非专业律师和法官的理性辩论、商议和斟酌。

让我们把目光再次转到伯罗奔尼撒战争之后的雅典。公元前403—公元前402年，雅典通过了一项旨在使两派达成和解的法令。僭主暴政被推翻以后，民主派为了维持稳定，也考虑到斯巴达可能进行军事干涉，决定不搞秋后算账，跟寡头派达成了一个既往不咎的协定，以"宽恕法令"的形式将之固定下来。据此法令，民主派不得对寡头派提出政治起诉，不得追讨被其没收的财产。这意味着，民主派虽然翻了身，但碍于"宽恕法令"，也因斯巴达威胁，却难以申冤。想要报仇雪恨，就得想法儿绕过"宽恕法令"。

尽管任何人可以起诉任何人，但要起诉，总得有个理由。此时，民主派人士胸中的复仇火焰远未熄灭。更糟糕的是，克里提亚、亚西比德等对城邦造成的伤害实在太大。苏格拉底怎么说也难辞其咎。但是，要直接指控他参加了寡头派的屠杀行动，说他与克里提亚等人相勾结，杀戮民主派，既证据不足，又受"宽恕法令"的掣肘。必须找到一些不像是政治起诉，却具有很强杀伤力的罪名。既然苏格拉底是个哲学家或智术师，发表过大量新潮的"启蒙"言论，"不敬神"不就是一个现成的罪名？

但这个罪名毕竟不够给力，得有些尺度更大的罪名才行。既然克里提亚、卡尔米德和亚西比德等一大批贵族青年追随苏格拉底，后来又对城邦犯下了大罪，为什么不能说他"败坏青年"？我们并不是因为他参与了屠杀民主派才起诉他的。但这种指控看似绕过了"宽恕法令"，却毕竟仍有点牵强。起诉者既不敢把真实动机抖搂出来，只好将就用一个看似间接的罪名。这应该是第一轮投票判他有罪者不占多数的主要原因。

　　即便在第一轮投票中苏格拉底被判有罪，局势也并非不可以扭转。根据法律，被告被判有罪之后，法庭应当根据控方和被告提出的不同量刑方案，进行第二轮投票，然后才做出最终判决。无奈此时苏格拉底已年届七十。他似乎已下定决心，不惜老命，也要与民主派斗下去。按照法律，控方提出量刑方案后，被告可以提出一个反方案。此时苏格拉底若能低下他那高贵的头，提出一个还说得过去的反方案，比如放逐，或交纳一笔数额足够的罚金，同时也不要那么傲慢，或许就会免于一死。据说苏格拉底拒绝提出量刑方案，认为这不啻认罪。我苏格拉底何罪之有？但这又不啻藐视法庭。几百个群众是好惹的吗？

　　不过根据柏拉图回忆说，苏格拉底并没有拒绝提出自己的量刑方案，而是同意支付三十米那赎罪金。之前，他甚至胆敢提出，应该宣布他为城邦英雄，在"普吕坦内昂"里为他供应伙食直至去世。"普吕坦内昂"乃何地？雅典的城邦神社大厅，里面燃着长明火，至为神圣，能在那里受祭拜，享受公家供奉者，不是奥林匹克冠军，就是为保卫城邦立下赫赫战功者。苏格拉底竟如此恬不知耻，说他应在"普吕坦内昂"里享受供奉或英雄待遇。是可忍，孰不可忍！几百个手握生杀大权的群众是可以随便挑衅、随便嘲弄的吗？

之后苏格拉底又说，他愿意支付一米那赎罪金，而且只能这么多。一个米那！这不是又在羞辱法庭？柏拉图等苏格拉底的朋友急忙叫他答应付 30 米那，由他们担保付清，但所造成的影响已覆水难收，与之前所说在"普吕坦内昂"享受供奉云云的后果同样严重。凡此种种，使法庭上很多公民"法官"尤其是民主派强硬分子相信，被告简直是在捉弄他们，羞辱他们。很多人本来倾向于中立，现在见他不识好歹，便改变了立场。结果苏格拉底即便表示愿支付 30 米那赎罪金，在第二轮投票中，赞成判死者仍然比第一轮投票判其有罪者多出了 80 人，即 360 人对 140 人。至此苏格拉底的牺牲几成定局。

在当时的雅典，今人所熟知的公民权利根本不存在（希腊民主与妇女、奴隶无缘），良性的政党政治远未开出，保障个人权利的宪法、法治、代议制度、分权制衡、私有财产权、独立法官、辩护律师、信仰自由等制度，统统远未形成。这意味着，对苏格拉底的处置虽未必公正，却合乎法律。但是，与其说他之被判死，是因其"败坏青年"和"不敬神"，毋宁说是因为伯罗奔尼撒战争后风谲云诡的政治斗争。民主派的政治报复是苏格拉底被判死的真正原因。假如雅典政制已进化得较好，公民权利已能较好得到保护，对僭主暴政只有间接责任的苏格拉底即便有罪，也罪不至死，判个放逐罪更为合适。然而，此时的雅典民主毕竟仍是一种野性未泯的民主，不可能这么仁慈。以基督教兴起后的道德水准来衡量，此时的希腊人虽然智商很高，却仍然是一些不知慈悲为何的野蛮人。要让他们以德报怨，实在勉为其难。

民主派虽然比寡头派更仁慈，但僭主暴政毕竟发生不久，杀戮的惨景仍历历在目，城邦上空仍飘荡着血腥之气，要他们没有一点报复心，是不可能的。寡头派的血债并没能真正得到清算，而苏格拉底与寡头派头目的师徒关系又尽人皆知，民主派怎能不伺机报复？即便无法指控他直接参与了杀戮，也并非找不到其他理由来治他。加之城外的贵族派武装此时正蠢蠢欲动，就更得好好震慑一下他们了。克里提亚和亚西比得等难道不正是受其教导才变坏，才给城邦造成了巨大伤害？寡头派死硬分子此时不正在雅典远郊埃留西镇组织还乡团，磨刀霍霍，欲杀回雅典变天？故此，苏格拉底之死是必然的。他是被牺牲的。

但在很大程度上，苏格拉底的牺牲也是自我牺牲。如果一心想活命，他大可在法庭上装好卖乖，表现得知趣一些，而非拒不认罪，更非大言不惭地要求被封为英雄。从柏拉图《克里同》一文可知，从苏格拉底被判死刑到执行有一个多月，他有大把机会逃离雅典。但他终究选择了服从法律：在和朋友们的交谈中饮下毒芹，从容而去。

二、不自由的希腊人

对我们现代人来说，讲民主必讲自由。我们以为，民主和自由天经地义地关联在一起。但是对于古人来说，情况未必如此。实际上，古希腊的民主是不自由的。古希腊尤其是古雅典的民主，是所谓激进民主。这种民主是在极为特殊的地理自然环境中，古代商品经济较为发达条件下的产物，虽然有民主的形式，也具备民主的一些重要内涵，但很大程度上是一种缺乏自由的民主。为什么这么说？

要回答这个问题，首先得弄清楚现代自由与古代自由有何区别。在现代人的观念中，公民在遵守法律的前提下，拥有独立于社会权力的诸多自由——如人身自由、拥有财产的权利、信仰自由、言论自由、结社自由等——是毋庸置疑的。在贡斯当看来，"自由"是指每个人虽受法律的制约，"却不因某个人或若干个人的专断意志受到某种形式的逮捕、拘禁、处死或虐待的权利"；是"表达意见、选择并从事某一职业、支配甚至滥用财产的权利"；是"不必经过许可、不必说明动机或理由而迁徙的权利"；是"与其他个人结社的权利，结社的目的或许是讨论他们的利益，或许是信奉他们以及结社者偏爱的宗教，甚或仅是以一种最适合他们本性或幻想的方式消磨几天或几小时时间"。除这些自由外，现代人还拥有很多政治权利。

可是，一个现代书生若能来到古希腊，他会惊讶地发现，那里人们虽实行民主制度，其所享有的政治权利似乎也多于现代人，却并不享有现代人所享有的大多数公民权利。他会发现，即便在最接近现代社会的雅典，众人权力也实在太大——众人制定法律，众人审查执政官的行为，众人宣召伯里克利解释其行为，众人判处阿吉纽西海战中获胜将军死刑。他会发现与这些权利相似的还有众人用充满任意性的贝壳放逐法驱逐任何他们不喜欢的人，甚至是为城邦立下卓越军功的个人。这时他意识到，即便在雅典这一古代世界最为开明的国度，个人隶属于社会整体的程度也远超一般现代国家。于是他得出了这么一些结论：希腊人的自由与现代人自由迥然不同；除了在政治权利方面希腊人享有较多自由以外，在其他许多方面他们并不那么自由。

让我们跟随这个现代书生，看看希腊人的不自由究竟有哪些具体表现。

我们看到，现代式的财产观在古希腊并不存在，希腊公民的财产相当大程度是受国家支配的。城邦若需要钱，可以令女人献出其珠宝饰物，令债权人让出其债权，令橄榄种植者无偿献出其制作的橄榄油。如果个人因政见不同或其他原因被判有罪，如死刑或者流放，其财产就被充公。在公元前 4 世纪初雅典，因战争造成的破坏，更因被罚没的土地太多，以至于大量土地连续多年被撂荒。但另一种情形更为常见，即富裕公民在无言的压力下或公开的威胁下为城邦事业"慷慨解囊"，出资建造或维修船舰，赞助感恩礼拜仪式，赞助戏剧、诗歌和音乐的演出，甚至赞助练身馆的修建。一般认为，公元前4世纪的雅典民主比公元前5世纪更加"温和"，但通过民众法庭没收公民财产之事依然司空见惯。公元前340年代发生了一个引人注目的事件，那就是，拥有特许开采权的矿主迪菲洛斯被判处死刑，其价值160塔伦特的巨额财产被没收并分配给广大群众。伊索克拉底写到，一个同事警告他，嫉妒和贫穷会使一些人铤而走险，凶残无比；如果可能不被发现，他们便会把他置于死地。亚里士多德在《政治学》中也说，煽动家利用民众法庭"取悦"大众，以莫须有的罪名"诬告陷害"那些"显贵之人"，没收了很多财产。事实上，多数人凭借法律合法地掠夺少数人的财产，是希腊激进民主的一种常态。与这种不尊重个人，动辄以投票、立法的方式褫夺个人财产的做法恰成对照的是，在大多数现代国家，旨在保护公民财产的法律受到尊重，相应的法学思想和社会观念已经深入人心，公民财产权利在大多数国家已能得到很好的保障。

我们看到，希腊人没有信仰自由。希腊城邦因建立在宗教基础上，所以城邦的组织形态为政教合一，即"宗教支撑国家，国家维系宗教"，二者合二为一，不可分割。城邦依仗宗教的权威，总揽一切权力，对各方面事务拥有如此巨大的控制权，以至于根本不可能出现政教相争的局面，因为国家完全服从于宗教，宗教完全仰赖城邦而生存。在这方面，即便是名义上实行民主制度的城邦也没有自由可言。希腊人根本不能想象，城邦中的个人竟然可以信仰不同于城邦诸神的神祇，而相比之下，在现代国家，公民可以选择不同的宗教信仰，甚至可以选择不信仰任何宗教。例如，在激进民主鼎盛的公元前5—公元前4世纪，一个公民可以"仇恨和轻视"邻邦的神，可以信或者不信希腊世界普遍祭拜的泛希腊诸神，如宙斯、库伯勒或赫拉等，却不可以怀疑自己城邦的神如雅典娜、厄瑞克透斯或刻克洛普斯等，否则既是对神灵的大不敬，也是对国家的背叛，必招致法律的严厉惩罚。众所周知，苏格拉底以不信奉雅典城邦神祇为由而被处死，阿那克萨哥拉明明被雅典人邀来论学讲道，也因其信仰与雅典人相左而被驱逐出雅典。在雅典，凡是祖先定制都是神圣的，祭祀或崇拜死者纯粹是一种国家行为。有记载古礼的书，这是不能有背离的。祭司如果在祭祀中自作主张，添油加醋，可能被处以死刑。除了在很多情况下必须祭神以外，希腊人还设有诸多忌日。在当日，是不可以举行婚礼，或开会，或举行审判的，甚至聚在一起制订一个计划也不行。恰成对照的是，在大多数现代社会，宗教与国家和政治已然分家，公民中甚至有为数可观的无神论者或唯物主义者；即使信仰某种宗教者，也不会被强迫参与其所不愿参与的宗教活动。

我们看到，希腊人没有人身自由。因宗教与国家结合紧密，城邦对公民拥有巨大权力。这意味着个人必须完全服从城邦，不仅在精神上属于它，身体也属于它，为它所支配。这意味着国家塑造公民的身体使之对其有益，乃天经地义。身体既属于国家，现代意义上的人身自由对希腊人来说并不存在，甚至不可理解。服兵役是公民的绝对义务，雅典人和斯巴达人更得终身服役。相比之下，现代青年人要自由得多，可以参军，也可以不参军，甚至公开反对自己祖国参与的战争可能也没什么事。希腊人人身不自由还表现在其他方面。如大多数希腊城邦禁止男子独身；斯巴达不仅惩罚不婚，也惩罚晚婚；年轻斯巴达人不可自由地看望其新娘；雅典命令人们工作，斯巴达禁止人们怠惰；在卢克尔，法律禁止饮用纯酒；在米利都和马赛，女人被禁止饮用纯酒；斯巴达用法律规定妇女的发型，雅典用法律禁止女人旅行时携带三件以上裙子；罗德斯岛禁止男人刮胡须；在拜占庭，甚至拥有刮胡刀也会受到惩罚；斯巴达正好相反，居民必须剃须。

我们看到，希腊人没有教育子女的自由。希腊人虽享有相当大的政治权利，但国家剥夺了其独自教育子女的权利。大多数现代国家虽然实行义务教育制，但父母可以不送孩子上国立学校，而送他们上私立或非公立学校，甚至可以不送孩子上任何学校，而是在家中对之进行教育。希腊人并非如此。柏拉图写道，掌握在城邦手里的教育对每个孩童来说，都"是强制性的，原因在于儿童比其父母更是国家的财富"。在阿里斯托芬的喜剧《云》里，雅典"男孩子们一般在七岁时上学，路上由一名奴隶或'监护'陪同"；"儿童上学无论在雨天，雪天，还是在烈日之下，都分区排成队，有序地往学校去"；在那里，"他们不许说话，只许听"；父母也不能随意令子女去或者不去国家所指定的教师家读书，"因为儿童与其说属于父母，不如说属于城邦"；雅典甚至颁布了一项"没有官员发给的许可证，便不得教书育人"的法律。

我们看到，希腊人虽然享有政治权利，却没有不参与政治的自由。事实上，国家不允许人们对它的利益漠不关心；哲学家和学者们不能遁入山野，必须到人民大会投票；任何公民不能拒绝担任官员，这是他对国家应尽的义务。发生政治的争论时，雅典法律明确禁止公民保持中立，而必须追随一派，反对一派；如想既不加入某一派又不反对某一派，即保持中立，法律将予以严惩，剥夺当事人的公民权。这意味着，希腊公民的政治权利大体上只局限于投票权、选举官员的权利和被选为官员的权利，却没有不参与政治的权利。这与现代公民完全享有不参政治的自由形成了鲜明对比。事实上，在城邦及其神祇的权利面前，希腊人普遍不认为自己应享有什么权利。政治制度虽经过屡次变革，但国家的性质并没有发生改变，其对个人的压制丝毫不曾动摇过。希腊出现过君主制、贵族制，以及激进民主制，但这些制度变革根本未给希腊人带来真正的政治自由。

我们还看到，希腊人不可以太优秀。一个人如若非常优秀，或战功赫赫，对城邦来说便是一个危险分子，极可能也陷入危险之中。在这方面，雅典的纪录尤其引人注目。著名政治家米尔提亚德和地米斯托克利之被处死，提供了雅典人反复无常，残酷对待其卓越公民的最佳例证。但是功勋卓著的个人被同胞迫害乃至杀戮并不限于雅典，这种罪恶实际上遍布全希腊。民众以自己手中的投票权，可以制裁任何人，即使他根本无罪。一个人甚至仅仅可能因为太过贤明正直了一点，便横遭厄运。雅典政治领袖阿里斯提德并没有犯罪，连犯罪嫌疑也没有，就被流放了。为什么？原因简直匪夷所思：品行太过优良，为人太过正直，有"正义者"的名声，让很多人不高兴，使那些一心想要出人头地者心生嫉妒，于是跳出来煽动群众，以危害国家的罪名打击他，毁灭他。那么，希腊人用何种具体办法来打击这些杰出的异类？用大伙儿一起投票的陶片放逐法（也称贝壳放逐法）将其驱逐！平等原则太过至高无上，所以每过一段时间，就会有一批能力出众者因其财富较多，或广受爱戴，或由于其他什么原因而被放逐。希腊人甚至有专门的词来指称这种现象即"防微杜渐"。在希腊世界，这是普遍的习俗，除雅典以外，行"防微杜渐"政策的还有阿耳戈斯、麦加拉、叙拉古等城邦。这种做法在我们看来固然奇怪，却也并非完全不可以理解。在雅典人看来，一个人再贤明再正直，也并非意味着他必然对大伙儿有利；于是便有人撺掇广大群众，对他提出指控——此人正在危害大家的利益，其声望正在危及城邦的安全，大伙儿应齐心协力将他放逐才是！

这不是多数暴政是什么？以众暴寡并不光彩，半野蛮的希腊人并没能意识到这一点。

三、希腊民主的暗面

"五四"以来，国人对西方民主推崇备至，对古希腊民主更是赞赏有加，甚至于"言必称希腊"。但稍稍深入了解一下希腊民主，便不难发现它有很不民主的一面。

我们会看到，希腊民主有极强的排他性。在任何一个城邦中，只有少数人是公民，也只有他们才享有较多的政治经济权利。例如雅典鼎盛期人口总数约 40 万，其中公民只有 2.5 万至 3 万。这显然严重有悖于现代人的民主理念。

希腊民主对于广大妇女是不适用的。妇女既然不是公民，在希腊社会就毫无政治权利和社会地位可言。她们不能参加决定城邦成败兴衰的公民大会，不能参加希腊人无比热衷的"练身"和体育竞赛，而从当时哲学家们传下来的文字看，她们似乎也没有谈情说爱的权利。事实上，爱情只存在于男人之间——柏拉图所竭力倡导的精神恋爱，是男人之间的事。对于男人来说，妇女只是生育工具，只能待在家里。

希腊民主对奴隶来说是不适用的。古代奴隶大多是战争中被俘的异族人及其后代，但也有同族的债务奴隶，以及买卖和转让所得的奴隶。对于奴隶主而言，奴隶只是一种财产，连生命权都没有，哪有参与城邦政治事务的权利？哪有民主可言？

甚至在同属一个城邦的希腊人内部，也没有严格意义上的民主。从一开始，大多数希腊城邦便把人们（奴隶不在此列）划分成一等公民和二等公民；前者生活在城市及邻近的可耕地上，后者是被征服高地人的后裔，生活在周边贫瘠山区。这种社群内部分裂是诸多社会政治冲突的根源。希腊人还有另一种令人看来十分奇怪的思维：在相当长一段时期内，选举权这一最重要的政治权利取决于公民财产的多寡，甚至取决于血统纯净与否。

　　但以上所述，还只是城邦内部的不民主。波斯战争后雅典的帝国主义行径，更意味着大邦对小邦赤裸裸的宰制和掠夺，以及邦间关系上的极端不民主。不用说，这与国家不分大小一律平等的现代理念相距甚远。下面着重讨论一下这方面的不民主。

　　波斯-希腊战争告一段落后，雅典以共同抗击波斯侵略为由，把爱琴海地区的希腊人同胞城邦组织起来，成立了所谓"提洛同盟"。起初，入盟各城邦得服军役，即派出战船和军队参与共同抵御波斯的战斗。后来，入盟各邦可不派出战舰和人员参与雅典主导的军事行动，但必须向其缴纳"馈赠"或"资助"代替军役。此费数额之巨大，从这一事实不难看出：公元前431年一年为600塔伦特，而当年雅典财政总收入仅约400塔伦特。及至公元前425年，盟邦的"馈赠"或"资助"升至一年1400塔伦特。它们付这些钱，并不是因为战争拖长了，或者说战局变化造成了开支增加，而是因为伯里克利之类的政客为了讨好雅典民众，大搞奢侈宴饮、大建宏伟神殿、大造豪华神像等，强迫它们缴纳。既然公元前450年签署的和平条约使提洛同盟与波斯之间已无仗可打，盟邦输送给雅典的金钱，便被堂而皇之地挪作私用，供雅典人吃喝玩乐和装点雅典及其所在阿提卡地区的门面。因此，所谓"馈赠"或"资助"其实已变为贡金，同盟已变成帝国。伯罗奔尼撒战争爆发时，各加盟城邦的累计贡金额已达6000塔伦特，雅典历年来从盟邦那里榨取的贡金更是高达9700塔伦特。

难道被剥削、被掠夺的诸多盟邦不反抗，不退盟？没门。雅典以压倒性的军力优势，总是会在第一时间派军残酷镇压叛邦。雅典对盟邦的掠夺也不止坐吃贡金，还有其他方式。例如逼迫退盟未遂的城邦——如密提林——缴纳"赔偿费"。这种用武力讹来的罚款是一种比缴纳贡金更黑的勒索，同样为数不菲，而勒索得来的钱，同样被雅典人用来吃喝玩乐，大兴土木。对于这种做法，甚至雅典人自己也看不过去。伯里克利的一个反对者说："人民多丢脸，多挨骂。全希腊人的公款，竟被从提洛岛弄了来，为雅典一邦据为己有……自己被迫献出的军费，竟被用来把我们的城市打扮得金碧辉煌，活像一个摆阔气的女人似的。"对黑老大的这种做法，被掠夺被奴役的希腊同胞当然只能是敢怒不敢言。

黑格尔虽然对雅典的"自由精神"赞赏有加，并竭力淡化其对盟邦的压榨掠夺行为，但是他也不得不承认，盟邦缴纳的"资助"或"馈赠"使雅典集中了极大的权力，而这笔钱的很大一部分被靡费在豪华气派的建筑工程上。英国历史学家爱德华·吉本也认为，雅典这种掠夺性极强的政治结构是其未能保持繁荣，很快走向灭亡的一个极重要的原因。

四、民主并非古希腊人的专利

一个谬误存在已久，流传甚广：古代民主即 democratia 是一种独特的古希腊现象，是古希腊人的专利，其他民族的早期政制全是专制主义。这不仅是谬误，而且是一个不难证明的谬误。

事实真相到底如何？美国纽约大学学者丹尼尔·E. 弗莱明 (Daniel E. Flemming) 本着实事求是的原则，有一分证据说一分话，在《民主的古代祖先：玛里与早期集体治理》（*Democracy's Ancient Ancestors: Mari and Early Collective Governance*, Cambridge: Cambridge University Press, 2004）中给出了一个明确的答案，即古代两河流域不仅有民主，而且在时间上比希腊早一千多年。在其论述中，玛里王国的政制也许并非十分明显地具有人民大会、民众法庭一类雅典式的制度安排，但非个人专断的集体决策或协商决策机制是确然存在的，而由资深者组成的议事会来决定共同体重大事务的做法，更是一种标准的希腊民主制度。

实际上，氏族形态的民主并非某个民族所独有，更不是希腊人的专利，而是人类历史上的一种普遍现象。1933—1934年，安德列·帕罗（Andre Parrot）领衔的一个法国考古队开始对两河流域西北部的玛里王国遗址 Tell Hariri 进行发掘。1935年，一巨大宫殿遗址被发现。至第二次世界大战爆发前夕，大部分已知玛里王国档案已经出土。激起学界极大兴趣的，是大约两万件楔形文泥板中的三千多封书信（用阿卡德语写成，该语言为通行于古代两河流域东部的一种闪米特语）。其中不少是玛里国王与其他地区或城镇统治者的通信，更有高级官员、地区总督、将军和部落首领写给玛里国王的数以千计的报告。

这些通信和报告提供了有关公元前18世纪早期两河流域社会方方面面的重要情况，其中就包括大量有关古玛里地区集体政体（collective polities）的情况。弗莱明《民主的古代祖先》的一个中心论点是：即便权力高度集中的帝国政体已然在当地产生（毕竟两河流域享有一个适合农耕的大型陆地板块，很容易开出这样的政体），民主性的集体治理仍然是两河流域西北部乃至整个两河流域的通行的政治模式。

也就是说，在实际政治管理模式上，一直被西方学界视为专制主义典型的"东方"帝国实行的是双轨制：一方面是帝国式的权力集中，或者说各地方城镇或部落统统臣服于一个中央王国，有义务向王国统治者纳税并提供军役；另一方面各地方城镇、部落或小王国仍享有很大程度的自治，其内部运作并非采用权力集中于个人的"专制主义"模式，而总体上遵循了一种以共同体意志为转移的集体治理原则。

这种看法有何具体依据？作为一个专治古代两河史的学者，弗莱明给出了语言、宗教、社会政治等多方面的重要论据。一个极为引人注目的现象或者说证据，是专有地名 GN（Geographic Name）加上词尾 ites 以构成诸如 Imarites（伊玛尔人）、Tuttulites（图图尔人）或 Urgisites（乌尔吉斯）一类的词。这种用法的出现频率非常高。除此之外，还有另一个出现频率不那么高但十分相似的表达法，即，the sons of NG，即"儿子们"加上专有地名的限定。例如，the sons of Imar 即"伊玛尔的儿子们"，或 the sons of Tuttul，即"图图尔的儿子们"。玛里地区的人们用这两种表达法来表示一个城镇、部落在与毗邻的城镇、部落的战争、和平或冲突中的政治军事行为体及其集体行动。

这些表达法虽然能够表示一个共同体的集体行动，却并不能明确表示该共同体的集体决策行为。从出土文献看来，进行集体决策的人常常是"长老们"。"长老"并非什么头衔，更不表示任何官职，而只泛泛地指共同体的资深者、年长者。他们不仅集体决策，也代表城镇或部落进行一般对外交涉，尤其与西姆里－利姆（Zimri-Lim）的中央王国的代表交涉。跟世界上所有民族一样，这里的长老除对外交涉外，也负有司法和宗教职能。

然而地名加词尾 ites 最多只表示一个共同体的全体成员及他们的集体行为，"长老"多用来表示代表一个共同体进行对外交涉的资深者，而更能确切体现集体治理原则的，既不是地名加词尾 ites，也不是长老，而是"塔赫塔蒙"(tahtamum) 议事会。这种议事会只见于幼发拉底河中游河谷的伊玛尔镇和图图尔镇文献中。由于证据不足，其包容程度到底多高仍不清楚，但它是一种具有较大代表范围的集体性的决策机制，却没有疑问。

从一封图图尔人的信件中可看到，头人拉那苏姆（Lanasum）召开了一次塔赫塔蒙会议后，"该镇的儿子们"决定提供三十名人员参与当地的治安保卫工作。从设好的座位或席位来看，参加会议的人数不多，所以塔赫塔蒙应该是一种长老议事会之类的机构。

从另一封信中也可以看到，当西姆里－利姆的中央王国想以掳掠罪逮捕一些图图尔人时，却发现不通过塔赫塔蒙会议，就根本办不到。从另一封信中还可以看到，西姆里－利姆想要图图尔人提供劳役，但被图图尔头人以人手不足为由拒绝了，所给的解释是："我召开了塔赫塔蒙会，跟他们讲了此事，但他们不从。"更有证据表明，伊玛尔镇和图图尔镇召开这种会议是自主行为，而非出于强迫。

除塔赫塔蒙议事会外，文献中还常出现 puhrum 和 rihsum 这两个表示会议的名词及相关动词形式。后者尤其被用来指镇与镇（或部落与部落）之间的协商或会谈（talks）。

此外，在玛里地区，围绕伊斯塔尔女神节的一系列祭仪也有强烈的团体色彩。祭仪包括伊斯塔尔庆典本身、拉蒙姆（ramum）祭礼（以一块纪念性石头为标志）、奈加尔（Nergal）祭礼，以及其他祭礼。这些活动鼓励全体成员参与，不仅仅有缅怀国王的祖先的意思，更有缅怀整个共同体的祖先的意思。节日的主要庆祝活动被认为最初是由共同体的"儿子们"即全体成年男性发起。这完全可以视为集体政制在文化意识上的表现。

需要特别注意的是，《民主的古代祖先》并非只讲公元前18世纪早期两河流域西北部玛里地区的集体治理传统。从该书引用的其他研究成果来看，集体治理的政体并非局限于18世纪早期两河流域西北地区，其时间和空间范围要大得多，可以说存在于文明萌生以后整个两河流域和古叙利亚社会。

弗莱明提到，雅可布森早在1943年的研究便表明，在苏美尔（位于两河流域东南部，这里公元前3500年至公元前2000年存在的文明为最早的人类文明）时期，各城镇中心便已开出了这样的政治样式：其最高权力并非被少数精英所垄断，而不论财产、地位和阶级，掌握在"所有自由的成年男性成员手中"。此即雅可布森所谓"原始民主"。

另据罗伯特·赖特《非零年代》，在公元前第二个千年，两河流域北部地区出现了"强大的民间贸易力量"，有商人把锡和纺织品运到今日土耳其地区贩卖，以换取黄金白银。经济力量往往意味着政治力量，拥有雄厚财力的商人很可能也要分享政治权力。另外还有证据表明，议事会一类机构不仅裁决案件，还有立法甚至行政的职能。

里查德·布兰顿及其同事有关古叙利亚（古代叙利亚地区很大，除现叙利亚版图外，还包括伊拉克北部、约旦、黎巴嫩和以色列）北部的研究（1996）也很值得注意。他们认为该地区一直以来有着一种强大的集体决策传统。这种传统沿自氏族制度，但晚至公元前3000年至公元前2500年之前（此时国家已产生），仍在国家而非氏族部落政治体系中发挥重要作用。

同样值得注意的，是著名的《汉穆拉比法典》的序和跋。从中可以看到，巴比伦王国最高统治者汉穆拉比不仅是一位君主，也是王国内各主要城市及其神祇的看护者。这些主要城市包括他刚刚从西姆里－利姆手中夺取的玛里。《法典》给人这样的印象：巴比伦国王竭力要在征服者与被征服的小王国、城镇或部落之间建立广泛共识，因此，与其说汉谟拉比是一个令人畏惧、至高无上的征服者，不如说他是一个受欢迎的神谕的保护者。

然而，两河流域早于希腊一千多年便有了民主，并非一个完全出人意料的看法；民主不是希腊人的专利这一点，也并非什么了不起的发现。早在《古代社会》（1877）中，摩尔根便基于人类学规律否定了希腊独特论。他认为，在国家形成之前的原始条件下，氏族民主是古代人类群落普遍实行的制度，易洛魁人、阿兹台克人甚至有发达的前现代民主。

易洛魁人的"国家"或部落联盟由五个地位完全平等的同

宗部落组成，虽统辖在一个共同政府之下，但各部落内部事务均由它们自行处理。联盟设立一个首领全权大会或联盟议会为最高权力机构，由各部落选举产生的五十名首领组成，名额分配有限制，但其级别和权威是平等的。这与公元前 5 世纪雅典十部落各选五十名代表轮流主持五百人政务会相似。

在联盟大事上，首领全权大会以部落为单位进行投票，每个部落都可以对其他部落的动议投反对票，但是各个部落在投票之前必须举行一次内部会议，也可能以投票的方式来做出在全权大会上持何种立场或如何投票的决定。联盟层面的公共法令必须得到联盟会议的一致通过方才生效。任何人都可以出席全权大会，在会上发表演说，讨论公共问题，但最终决定权却在大会。这不是民主是什么？

至于阿兹台克人的民主，需要特别注意的，是他们的"国家"或部落联盟层面的酋长会议。这是一种随氏族产生的集体决策机制，代表各氏族中的选民，自古以来就拥有政治、经济、军事和宗教权力，是共同体的最高权力机构或统治机构。

像希腊城邦有军事统帅巴赛勒斯那样，阿兹台克联盟设有"吐克特利"即军事酋长的职位。吐克特利是酋长会议的一员，有时被称为"特拉陶尼"或"议长"。出任此职者由选举产生，也能通过选举罢免。这意味着，最高军事权力仍掌握在人民手中。值得注意的是，吐克特利在战场上的权力虽很大，但重大战略决定则仍由酋长会议决定。

其实，亚里士多德早在《政治学》一书中便记载，公元前8—公元前4世纪的迦太基便实行与希腊相当的以议事会和人民大会为主要政治建制的民主。亚氏固然对贵族政体情有独钟，但在他笔下，迦太基政体不仅是一种举贤任能的"良好政体"，而且是一种集贵族制、民主制和寡头制优点于一身的混合政体；当"偏离走向民主政体"时，人民大会因权力极大，即便王者和长老两方面意见一致，也有权将其意见抛在一边，自行做出"最后的决断"；甚至人民大会任何成员都有权反对王者和长老提出的议案。以今日标准看，这不是民主是什么？

那么，中国古代有没有民主？迄于今日，很多人对"文革"心有余悸，故而有一种倾向，即忽视19世纪以来人类学界所发现的人类社会演进之基本规律，忽视史籍中明确记载的事实，而认定中国早期国家全都搞的是专制主义。然而事实上，夏之前，后来叫作"华夏"的这块地方曾长期存在禅让制，甚至晚至春秋时代也仍有与希腊民主十分相似的民主形式。[1]但要弄清楚中国古代早期民主的确切形式和诸多细节，将是一个艰苦浩大的"工程"，需要认真细致的考证，也需要对民主认知的不断提高，更需要当代中国在现代民主实践方面的不断推进，方可产生有意义的成果。

一个相关的问题是，我国少数民族有没有他们的民主？当然有。晚至20世纪初，鄂温克人仍然保留着氏族形态的原始民主："凡属公社内部的一些重要事情都要由'乌力楞'会

---

[1] 参见日知（林志纯），《中西古典学引论》，天津：天津教育出版社2006年，第191—209页。

议来商讨和决定；会议主要是由各户的老年男女所组成，男子当中以其胡须越长越有权威。"[1]这里的"乌力楞"会议就是长老议事会，是一种许多民族历史上都存在过的典型的氏族民主机构。

凉山彝族社会的民主更值得注意。在1956年"民主改革"以前，凉山"黑彝"社会明显存在着氏族形态的民主：

> 每个家支都有数目不等的头人，彝语称为"苏易"和"德古"。他们是通过选举产生或任命的，因为他们精通习惯法，善于权衡阶级关系和家支势力的消长，所以他们被黑彝奴隶主拥戴出来……不论"苏易"和"德古"，如果排解纠纷一旦显出不公允，就会失去威望，也会失去头人的地位。头人没有固定的薪俸，也没有高踞于一般家支成员之上的特权，他们的地位也不世袭……家支除头人外，还有家支议事会。议事会分为"吉尔吉铁"和"蒙格"两种。凡是几个家支头人的小型议事会，或邀请有关家支成员商讨一般性问题的会议，称为"吉尔吉铁"；家支全体成员大会称"蒙格"。"蒙格"由黑彝家支中有威望的头人主持，与会者都可以发表意见。当发生争执时，

---

[1] 参见秋浦等著，《鄂温克人的原始社会形态》，北京：中华书局1962年，全书各处。

头人和老人的意见往往起决定性作用。凡经会议决定的事项，家支成员都得遵守。[1]

事实上，晚至 1950 年代中期，凉山彝族社会不仅仍有完全意义上的民主议事会即"吉尔吉铁"，甚至仍有完全意义上的人民大会或公民大会即"蒙格"大会。从每个家支有不止一个头人以及所有与会者都可以发表意见来看，召开"蒙格"大会时，家支成员的参政程度完全达到了公元前 5 世纪雅典激进民主中人民大会的水平。

可以说，在现代资产阶级和工业资本主义兴起之前，人类社会发展的总的趋势是由较小的政治单位开出越来越大、越来越复杂的政治共同体——由氏族而部落，由部落而部落联盟或早期国家，由较小的早期国家而较大的国家，直到最终开出跨地域、跨文化的地缘共同体或超大帝国——以因应政治经济发展所带来的问题，以求得越来越大范围的和平与安宁。这是一个漫长的过程，意味着越来越高水平的政治整合，而更高水平的政治整合又意味着个人和较小社群得向中央权力机构交出其原先享有的不少自由。不妨把这种现象视为一个去氏族民主的过程，一个从较低较粗陋的社会形态到较高较复杂的社会形态演进的过程。

然而，在英国清教革命和法国大革命后的欧洲，又启动了

---

[1] "凉山彝族家支制度"词条，《中国大百科全书·民族卷》，北京：中国大百科全书出版社 1995 年。

一个逆向的过程，即现代条件下的新型民主化，出现了一种复杂程度比古代民主高出 N 倍、治理水平也高出 N 倍的新型民主。在现代资本主义生产关系确立、工业化大生产逐渐展开和社会革命普遍发生的大背景下，这种新型民主在欧洲迅猛推进。人类社会的组织与治理是一个艰苦、漫长的过程，了解一下古代两河流域的玛里民主，以及古希腊以外其他形式的早期民主，将不无益处。

五、"希腊化" 时代的文明整合

尽管亚历山大的帝国甫立即崩，刚刚诞生便已解体，但是在十几个继承者的争霸战争的硝烟中，毕竟崛起了几个新的王国或帝国，即托勒密王朝（公元前 305—公元前 30）、塞琉古王朝（公元前 312—公元前 64）和马其顿王朝（公元前 306—公元前 146）。

不妨作一点比较。在公元前 338 年喀罗尼亚战役[1] 以前，希腊城邦之间战争不断，直到马其顿从希腊边缘山地崛起，将

---

[1] 喀罗尼亚战役发生在公元前 338 年彼奥蒂亚的喀罗尼亚，是马其顿称霸希腊的决定性战役。马其顿与贴萨利、伊庇鲁斯、埃托利亚、北福基斯等结盟，击败了雅典与底比斯联军。这次战役奠定了马其顿霸权。

它们一一制服。亚历山大去世以后，希腊世界再次陷入混战，甚至最终立稳了脚跟的三个王国同样征战不息，直到罗马人从西边崛起，将它们一一征服。这跟汉末至晋的情形颇相似。汉末天下大乱，军阀混战，虽从中崛起了曹魏、刘汉、孙吴三大国，相互间仍战争不断，此即"三国时代"。华夏以西也曾有过一个"三国时代"，且持续时间更长。托勒密、塞琉古和马其顿相互间以及与东方民族和罗马的战争长达两三百年，明显长于三国的六十年（220—280）和城邦混战的一百来年（公元前 450—公元前 338）。

与先前的城邦相比，西亚地中海三国无疑体量巨大，都是超级大国。马其顿帝国大致相当于东进之前的希腊，托勒密帝国大致相当于埃及，塞琉古帝国则主要统治西亚西部。公元前 3 世纪中叶以前，塞琉古帝国还领有两河流域、伊朗、中亚等地，几乎全盘继承了波斯帝国，只因帕提亚波斯的崛起和巴克特里亚王国的独立，疆域才被明显压缩。这些帝国的统治者很清楚，一个国家要长治久安，必得有社会-文化凝聚力。没有最起码的社会-文化凝聚力，较高程度的政治整合是不可能的，一个多民族多文化帝国内部的政治整合就更不可能。

事实上，接管波斯帝国以后，亚历山大面临着一种前所未有的局面，即不同民族、不同宗教、不同文化必须在一个共同体内生存。这个共同体由不同的民族组成，大体上以统治者与被统治者划界，如果没有起码的社会文化整合，矛盾冲突在所难免。面对现实，亚历山大做出了这种选择：尊重被征服民族，身体力行娶波斯人为妻，也让部将们与波斯人通婚，为此还举行过盛大的集体婚礼。[1]他的继承者一定程度上也这么做了。但真正意义上的"希腊化"（可大致理解为使希腊文化一定程度上成为被征服者自己的文化），却需要数十年乃至数百年才可能实现。即使这样的"希腊化"真的发生了，也极可能是被征服者与征服者文化的融合，甚至可能是征服者很大程度上接受被征服者的文化，为其所化，即"化希腊"。

统治埃及的托勒密一世很聪明，干脆采用了埃及人的宗教崇拜形式，其目的就是要使希腊人和埃及人的宗教、文化融合起来："他希望通过把埃及的俄西里斯－阿匹斯神希腊化来获得这种政治上期望得到的效果。这个孟菲斯的埃及神……在赛拉尼斯的名下获得了一种希腊化的外表，既成为托勒密统治下希腊人的崇拜对象，又成为别处希腊人的崇拜对象。"[2]统治西亚的安条克四世（公元前175—公元前163年在位）——塞琉古帝国的皇帝——也有过类似的做法。在被征服的东方人土地上，他用行政手段把原来的区域神等同于新的帝国神，即宙斯·奥莱尼奥斯，以期"在形形色色的臣民中培养一种对于帝国的爱国主义情感"[3]。很难说，这两个皇帝取得了成功。当安条克四世企图用新的帝国神来取代犹太人的耶和华，以期实现某种程度

---

[1] Arnold Toynbee, *Hellenism: The History of a Civilization*, Oxford (UK): Oxford University Press, 1959, p. 143.

[2] 阿诺德·汤因比，《一个历史学家的宗教观》（晏可佳、张龙华译），成都：四川人民出版社1990年，第64—65页。

[3] 同上书，第66页。

的信仰一致时[1]，他甚至遇到了惨烈的失败——引发了"哈斯芒运动"，即犹太人武装反抗希腊人的运动。尽管如此，希腊统治者有意识地调和不同宗教、文化的努力值得注意——无论出于何种动机，这都意味着文明杂合，全新的文明要素将从中诞生。

新文明要素的诞生得有一个重要条件，即不同宗教、文化在一个单一的政治共同体内和平共处，熔融和合。好在三个帝国之间尽管战争不断，但其所辖区域大体上是和平的。正是在这种情况下，希腊与希伯来文化、宗教开始了交融。在后来"罗马治下的和平"中，更将从这种文明杂和中产生基督教。这不仅是一个全新的宗教，更代表了一个全新的文明。可是和平不会从天而降，必须通过努力才能得到。事实上，亚历山大及其继承者都知道，不同民族、宗教和文化之间如果没有妥协、调和、适应和交融，社会整合便无从谈起，政治认同和政治忠诚就会成为问题；如此这般，便不可能长治久安。所以他们做出了努力。

当然，新宗教新文明的诞生并非完全倚赖希腊人的主观努力。被统治者的主观努力同样重要，甚至更加重要。希腊人东侵后，无数犹太人背井离乡，走向"世界"，所到之处逐渐形成了一些新犹太文化中心，其中最著名者为叙利亚的安提阿、小亚沿岸的以弗所、希腊半岛的科林斯、埃及的亚历山大城等。这些城市的主流语言当然是希腊语。现在，犹太人必须在希腊语希腊文化占主导地位的城市中谋生活。久而久之，他们

---

[1] 阿诺德·汤因比，《一个历史学家的宗教观》，，第66页。

必然疏远母语和母语文化，第二代、第三代犹太人甚至根本不会讲母语，也不知道祖先的信仰为何。长此以往，犹太宗教、犹太文化乃至犹太人不就会灭绝吗？

于是，犹太精英中出现了一种极强烈的危机感。他们决心保卫祖先的信仰文化。很快，"七十子"式的译经活动蓬勃开展起来。译经活动本身就是宗教、文化的融合。这种活动为基督教的兴起做了关键性准备，为新文明的诞生做了关键性准备。在公元前 300—公元前 200 年期间，传说中亚历山大城的"七十子"把希伯来文《圣经》翻译成了希腊文，著名的"七十子本"由此诞生。[1] 公元 1 世纪，该译本已流传于巴勒斯坦，成为基督教最初使用的《旧约》文本。直到目前，该译本仍为东正教会通行的《旧约》文本。

六、希 腊 神 谱

1. 舶来的怪力乱神

大约被"不语怪力乱神"的儒家传统压制得太久，面对把

---

[1]　"七十子本"（Septuagint）指希伯来文《圣经》最早的希腊文译本。其中摩西五经部分，是由传说中亚历山大城的 72 位犹太学者翻译的，后来统称全译本为"七十子本"。

怪力乱神推到极致的希腊神话，周作人之类的五四新人除了惊讶、赞叹、崇拜，竟无其他反应。随着中国的崛起，对传统文化的评价已经有了很大改变，但21世纪中国读书人对希腊的痴迷与五四一代人相比，似乎并没有什么不同。转型期的智识土壤虽算不上肥腴，但由于人口基数庞大，所能产生的希腊迷一定为数不少。更由于施特劳斯主义的高调着陆，施特劳斯派"古典学"的隆重登场，一定还会有更多读书人皈依希腊诸神。既然如此，探究一下希腊宗教、神话、哲学乃至文明本身的渊源，就很有必要了。

像许多宗教那样，希腊宗教也有一套创世神话和相应的神系，甚至还有一个看似在向唯一神演化的主神。众所周知，这个主神就是宙斯。但他完全不像犹太－基督教的上帝那样，是世界乃至宇宙的终极原因和主宰，是永恒、超越、全知全能的唯一神。宙斯不仅像人类那样有父有母，也因为有人类的毛病和缺陷——阴险狡诈、残忍暴虐、小气嫉妒、拈花惹草、睚眦必报等——而颇招人喜欢。

关于宙斯的诞生，希腊神话里有一套极有趣的说法。起初，世界是"开奥斯"（Chaos）或处在一片"混沌"之中。据赫西俄德的《神谱》，开奥斯并不具有人形，只是一个张着巨口的混沌空间。由开奥斯而有天神乌兰诺斯和大地神盖亚。他们生下了十二个提坦巨神，其中最年轻者为时间神克罗诺斯。他与妹妹瑞亚结合生下了第三代神：海神波赛冬、冥神哈得斯、农神德米忒尔、灶神赫斯提亚、雷电霹雳神宙斯、赫拉（宙斯之妻）等。至此，万神殿主要神祇几已齐全。如果说乌兰诺斯为第一代神王，克罗诺斯为第二代神王，宙斯便是第三代神王。他们在权力交接上发生的争斗，是希腊神谱中最"怪"最"乱"的部分。

克罗诺斯长大后，便同父亲乌兰诺斯交战，将其击败，甚至在母亲的怂恿下，还割掉了父亲的生殖器。但克罗诺斯自己也不愿看到新一代神祇出生，很清楚自己将被他们取而代之，自己也会被他们割掉生殖器。于是他想方设法阻止这一时刻的到来，其所用招数，便是与瑞亚频频做爱，企图借此使她生不出他们来；可即便如此也挡不住新一代的降生，于是他把新生儿女们吞入肚中。宙斯出生时，瑞亚为了保护他，用襁褓包了一块石头给克罗诺斯，诱使他把它当作新生婴儿一口吞下。宙斯长大后，在兄弟姐妹帮助下，击败了占据奥林波斯山的克罗诺斯以及其他提坦巨神，甚至迫使克罗诺斯吞下一块石头，将肚子里的儿女全吐了出来。于是，宙斯成为第三代神王。

对于一直浸润于"不语怪力乱神"传统的中国人来说，以上故事无疑是闻所未闻，引人入胜的。但是，这个精彩故事并非希腊人原创，而是他们从西亚引进后加以发挥而成的。早在此前几百年乃至上千年，作为原型的西亚库马比神话便以不同的版本在阿卡德人、腓尼基人和赫梯人中流传了。不仅如此，库马比神话中的"怪力乱神"可能比希腊神谱更为"正宗"，也更加刺激。库马比神话中也有一个天神，叫安努。他与儿子库马比发生了争斗，但是后者得胜，咬掉其生殖器吞而咽之。

库马比因此怀孕，生了三个神子，其中两个由口中吐出。后来库马比吞下一块石头，怀孕生出暴雨神台述卜。库马比又与台述卜发生了战争，台述卜将其击败，成为主神。至此，诸神大战告一段落，一个至高至上神已经决出，神界的代际权力更替有了一个圆满的交代，一个完整的神系诞生了。不难看出，故事的希腊版本尽管极其诡奇，却仍比不上原型版本。至少，它没有让两代男神怀孕生子。

两个故事尽管在细节上不完全对应，但在情节结构上却有再明显不过的平行关系。两个故事中的第一代神祇都是天神，即乌兰诺斯和安努；第一代神祇都与第二代神祇——克罗诺斯和库马比——发生了争斗，而且都是后者获胜；第二代神祇都阉割了第一代神祇，但都未能因之成为最后的胜利者，都得到过权力，但都失去了权力；他们都吞下了消受不了的东西：克罗诺斯吞下了自己的儿女，库马比吞下了安努的生殖器，两者都吞下了石头，都将吞下的儿女吐了出来。此外，库马比故事与其希腊版还有一个引人注目的叙事结构共同点，即两者都只有三代神祇，两个故事中神祇的代际战争都以第三代神祇的胜利而告终。很显然，希腊故事是西亚原型故事的一个山寨升级版。

除了以上提到的神谱中的神祇以外，希腊神话中还有其他一些重要神祇也源自西亚，至少在西亚神话中能找到与他／她们密切对应的神，如月神和狩猎、丰收之神阿耳特弥斯（宙斯的女儿，阿波罗的孪生姊妹）；司阳光、智慧、预言、音乐、诗歌和男性美的太阳神阿波罗，以及司爱情和女性美的阿芙洛狄特。在这些神当中，阿芙洛狄特的东方渊源无需证明。早在两千五百年前，希罗多德便注意到了这一点。他说，阿芙洛狄特崇拜先由"叙利亚地方的腓尼基人"传入塞浦路斯和居特拉（伯罗奔尼撒半岛南边的一个小岛），再从这两个地方传入希腊其他地区的。其他重要神祇如波赛冬、哈得斯、阿波罗、德米忒尔和赫斯提亚，也都有东方血统。希罗多德还认为，杀死了无数怪物、备受希腊人崇拜的大力神赫拉克勒斯（宙斯的半人半神儿子）原本也是一个东方神。现代考据印证了他的说法：赫拉克勒斯的原型其实就是苏美尔史诗《吉尔伽美什》里的大英雄吉尔伽美什。

以上讨论已涵盖重要的希腊神祇。他们有一个共同点：都是宙斯的亲族。这意味着并不存在一个独立的希腊神系。希腊诸神连带神谱都是从东方引进的。

另一个情形也颇值得注意。公元前 5 世纪以后，小亚"大母神"库柏莉（Cybele，自然和丰腴女神）开始在希腊受到广泛崇拜；她总是带着一个名叫阿梯斯的男伴。很快，库柏莉和阿梯斯被希腊人等同于德米忒尔和她的情人雅西翁。乍看起来，似乎希腊社会独立产生了一对神祇。如果这对神祇恰恰与西亚的神相似，这也是巧合，因为德米忒尔崇拜在希腊已有相当长的历史。然而实际上，类似的神祇及相应崇拜在此前数百年乃至上千年便已然存在于西亚和埃及了，也就是说，希腊历史悠久的德米忒尔崇拜本身也是引进的。在巴比伦和亚述，神界的这对伴侣是伊什塔尔和塔木兹；在腓尼基，是阿斯塔蒂-阿芙洛狄特和阿多尼斯；在埃及，是伊西斯和俄西里斯。据当代考古和文献研究，这些东方的原型神是从叙利亚或者小亚首先输入塞浦路斯，经中转再输入到其他爱琴海诸岛屿和希腊半岛的。

希腊神话的另一个方面也迷倒了不少中国的读书人，这就是把人与动物的特征集于一身的希腊怪兽。新文化运动以降，带翼狮身女怪"斯芬克司"、鸟身女怪"塞壬"（sirens）、蛇发女怪"戈耳戈"（Gorgons）、狮头羊身蛇尾的吐火女怪（chimeras）、鹰头狮身怪兽"格里芬"（griffins），以及人身鱼尾的海神"特里登"（Triton）等，一直为我们所津津乐道。这些现实中不可能存在的怪物，对于汲汲于打倒儒家文化的当今读书人来说已可谓见怪不怪。我们之所以拥抱这些"怪力乱神"，是因为它们是人类想象力的标识，是思想解放的象征，更是因为它们是希腊人的伟大发明。殊不知，这些跨物种妖怪出现在希腊之前，早就原生态地存在于西亚和埃及的宗教及艺术中了。它们是东方神话和观念世界不可分割的一部分，来到希腊后大大刺激了希腊人的思维。没有这些舶来品，希腊人的精神形态不知会呈现何种面貌。

希腊文明拿来主义的清单还远远没有结束。一谈到希腊宗教，人们首先可能想到的是那些巍峨、壮观的神庙。直至今日，雅典卫城的帕特农神庙遗址仍让全世界惊叹。但是鲜有人注意到，在整个迈锡尼时代，在公元前 8 世纪之前，希腊人完全没有神庙、神坛的概念。他们根本就不知道可以修建一些雄伟、豪华的大石头房子以为诸神宅邸，也不知道在石头房子里设一个"坛"，供人类向神祇祭献牺牲。神庙神坛是公元前8世纪以降希腊宗教生活的中心。没有神庙神坛，便根本无法想象希腊宗教乃至希腊文明是何物。但考古发掘表明，神庙神坛不是希腊土生土长的，而是在"东方化革命"中从埃及和两河流域引进的。

不仅神庙和神坛概念源自东方，希腊人喜欢的祭牲剖肝占卜术（Hepatoscopy, 或可简单地译为"肝卜术"）也来自两河宗教。不仅这种占卜术的理念和技术本身，甚至连"占卜术"术语也取自东方。

以上讨论并不是要否认希腊人的创造性。希腊人在引入东方的神谱、诸神、半人半兽之怪物、神庙神坛以及占卜术的过程中，对东方文化进行了改造以适应自己的需要。这是没有疑问的。但是，由于希腊人引入东方宗教时已散居在多个相互隔离的地区，归属于多个城邦，因引入时间和背景不一样，所以对引入品的反应也不同。更因年代久远，目前还没有找到希腊人拿来主义的足够多、足够硬的证据，故而某些西方人表现出一种拒不承认东方影响的倾向。在某些著作和工具书中，凡是遇到希腊神祇及相关崇拜形式与东方神祇及崇拜形式有相合处，他们往往以"渊源不详"去把它打发掉，说相关神祇或崇拜"同时"存在于希腊、小亚细亚、腓尼基和叙利亚等地。这未必是要赖，却可能是偷懒。

但希腊文明建立在多个原生文明——主要是埃及和两河流域文明——的基础之上，是不可否认的。希腊文明对东方文明的拿来或者说继承，甚至在公元前8—公元前6世纪所经历的"东方化革命"，是不可否认的。希腊文明并不是一个像埃及、两河、印度、中国那样的原生文明，而是一个次生文明。希腊文明的次生性是一个铁的事实。希腊宗教、神话、艺术、建筑、科学、技术对东方的依赖或借鉴更有大量的实物证据。在西方古代，文化因子的流动总的说来是由东而西，而非相反。这一点，即便最顽固的欧洲中心论者也是无法否认的。问题是，东方因子是如何流动的，在何时何地以何种方式、何种程度影响了希腊人。

亚欧大陆产生了四个原生文明：尼罗河流域、两河流域、黄河流域和印度河流域的"四大文明"。这四大文明有一个共同特点：都兴起在降雨量适度、土壤松软、地势平坦、水道密布的大河中下游地区或三角洲地带，而非诞生在希腊那样的较干旱、较贫瘠、缺乏大平原和水道的地方。为什么"四大文明"都诞生在大河流域？因为古代人类所掌握的技术非常有限，只有在挑战度适中的自然条件下才能大规模发展农业，大规模汲取农业剩余品。只有这一前提得到了满足，原生文明才可能出现，才可能不断成长、壮大。同样重要的是，大河流域是一望无际的大平原，不仅适宜于农耕，而且因地势平坦而交通方便，与重峦叠嶂的山区相比，更有利于人员、物质和信息的流通、技术发明和思想理念的播散，更有利于文明的繁荣。

需要注意的是，尽管中华文明和印度文明表现出了非凡的连续性，西亚北非的原生文明早在公元纪年之前便衰落了，这就是通常所谓的文化"断裂"。尽管如此，它们对后发文明产生了深远的影响，而正是通过这些次生文明——尤其是希腊和叙利亚文明——它们对现代文明做出了重要贡献。可以说，欧亚大陆上没有一个次生文明不是在原生文明深厚丰腴的基质上成长起来的。卓越的希腊文明便是这样一个次生文明，一个典型的次生文明。

明白了一这点，公元前 8 世纪以降，希腊世界爆发性的文化繁荣——希腊在艺术、宗教、文学、科学、哲学诸多方面都取得了突出成绩——便不难解释了。很明显，这种文化繁荣不是无源之水、无本之木，而是建立在东方两千多年文明演进的深厚积累上的。

明白了这一点，当我们看到晚至公元前 8 世纪，希腊人对东方大国仍表现得无比敬畏和顺从，就不会觉得奇怪。公元前 713 年，塞浦路斯的七个希腊酋长（basileis）携贡物来巴比伦，向国王萨尔贡二世进贡。纪录这一事件的金属铭文提到，七个酋长的地盘"位于西边日落处七天路程以远之处"，"为朕（萨尔贡二世）在迦勒底、赫梯的赫赫武功所震慑，深感恐惧，遂携其王国所产之金器银器来巴比伦朝贡，亲吻朕足"。此外，萨尔贡二世的继位者埃萨尔哈顿（公元前 681—公元前 670 年在位）曾在尼尼微新郊区大兴土木，为此也曾向多个"西方"小国——包括塞浦路斯的十个希腊酋长国——征集过建筑材料。

明白了这一点，也就无需对这一事实感到诧异了：晚至公元前4世纪后半叶，大多数小亚希腊城邦依然臣服于亚述、吕底亚、波斯这些西亚强国，只是在亚历山大东侵之后才完全获得独立。存在着腓尼基人公元前8—公元前7世纪广泛活动于爱琴海地区的证据，却不存在当时希腊人活动于各腓尼基城市的迹象。晚至公元前6世纪，才有少量希腊人渗入到腓尼基地方。

正是由于对东方文化的大规模引进，"黑暗时代"以降，希腊人的精神形态发生了结构性变化。有西方学者把这一情形称之为"东方化"，瑞士古典学学者伯克特（Walter Burkert）甚至认为，这是一场"东方化革命"。这意味着，希腊人对东方文化的学习和吸纳不是局部的，而是全局的；不是某些城邦或地区个别现象，而是整个文明的集体行为。不仅东方的神谱及相应诸神、半人半兽的怪物、神庙神坛和占卜术的引入说明了这一点，对西方文明产生过关键性影响的字母的引进，"纸"（纸草纸、羊皮纸等）、书卷（scrolls）乃至书写概念的引进，古奥林匹亚赛会大多数运动项目的引进，铸币、里拉琴、重量单位"米那"、柏拉图笔下"会饮"中常见的斜躺椅，以及绘画和雕塑中大量艺术母题的引进，也说明了这一点。

其至所谓"希腊科学"也是多个文明的共同结晶，尽管希腊人出色的演绎和概括能力起到了非常重要的作用。在"希腊化"时代，尤其在托勒密时代，如果不是利用长于运算的巴比伦人"把理论与详细的数据观测联系起来的全部数学手段"和埃及、巴比伦的天文学知识，希腊人是不可能取得《天文学大成》之成就的。然而晚至 1970 年代，西方科学史界仍普遍认为科学是一个"希腊奇迹"，是希腊人独自开出的。但几代人的研究表明，科学上的"希腊奇迹"并不存在。在开出定理化、系统化的数学论证方面，希腊人固然功劳很大，但西方古代科学是一个总体性的西亚地中海世界现象，一个"超出地区性的综合事件"[1]，而非一个孤立的希腊现象。

其实，不仅希腊科学，希腊哲学也是一个"超出地区性的综合事件"。第一批希腊哲学家——泰勒斯、阿那克西曼德、阿那克西米尼、赫拉克里特——无一不是来自小亚西岸城邦米利都和以弗所（顺便说一句，毕达哥拉斯出身于小亚沿岸的萨摩斯岛；"医学之父"希波克拉底是小亚西南角科斯岛人）。他们哲学的共同特点是本原论，即探究自然万物本原的学问。泰勒斯认为，万物的本原是"水"，赫拉克里特认为是"纯火"，阿那克西米尼认为是"气"，阿那克西曼德则认为是"无限"。本原论思维非常重要，直至今日也仍在激励着人类的好奇心，驱使人类进行最前沿的物理学研究。然而，首先开出这种对世界万物的究极源头打破砂锅问到底的探究精神的，很可能不是希腊人，而是东方人；开希腊本原论风气之先的泰勒斯的水本原论很可能并不是他的原创，因类似的思想早已存在于埃及人和腓尼基人的故事中了，其中巴比伦神话《恩努马·埃利什》

---

[1] 参见 D. 普赖斯，《巴比伦以来的科学》，石家庄：河北科技出版社 2013 年，全书各处。

里的水乃万物之本的说法尤其完整。

那么为什么早期希腊哲学家不是雅典人、科林斯人、底比斯人？这是因为，当时希腊半岛仍处在文明世界的边缘，所以哲学只可能萌生在与东方有密切物质和精神交流的小亚希腊城邦。有证据表明，由于跟东方有广泛而密切的贸易联系，小亚西海岸的希腊城市在公元前6世纪率先成为希腊世界最富庶之地。这就为哲学兴起提供了物质条件。同样，也因与东方的联系，小亚希腊人中有很大一个比例是海员。他们游走四方，密切接触经济文化发达地区的人和物，见多识广，思维活跃。这应是哲学兴起的智识方面的原因。而据说普鲁塔克，泰勒斯、毕达哥拉斯、柏拉图等人都去过埃及，与那里的祭司－学问家"同吃同住"。这不是留学是什么？此外，泰勒斯被认为是希腊准确预测日食的第一人，但支持这种说法的文献残缺不全，不足以证明他究竟准确预见了日食，还是仅在日食发生后对之进行了解释。甚至不排除这种可能性：他既没有预测日食，也没有解释日食，只是把巴比伦祭司的研究成果照抄过来。

东方思想还在另一个重要的方面影响了希腊哲学，此即柏拉图的理念说（"理念"即 Idea，也有译为"相""理型"或"理式"的）。从"古典时代"末期开始，理念说在希腊罗马世界广为传播，影响极大，后来更对基督教神学乃至西方现代哲学产生了重大影响。一直以来西方人认为，这种把实在分为现象与本质的两分法思维是柏拉图的发明；现代哲学家怀特海甚至认为，柏拉图以降的整个西方思想史不过是柏拉图理念的"脚注"。殊不知，理念说非常可能并非柏拉图"创新"的结果，而是从巴比伦舶来的。早在公元前 7 世纪希腊文明崛起之前一千多年，巴比伦的祭司当中便已然流行这一观念：纯粹、理想的完美造物早已存在于天国，凡世间与之相对应的东西只不过是依照其天国原型营造出来的一些摹本。

另外，灵魂不灭说在毕达哥拉斯学派和柏拉图思想中占有突出的地位，也是希腊哲学借以整合进基督教神学的一个重要的切入点，然而早在公元前 5 世纪，希罗多德便意识到，灵魂不灭说源自埃及："埃及人第一个教给人们说，人类的灵魂是不朽的，而在肉体死去时，人的灵魂便进到当时正在生下来的其他生物里面去；而在经过陆、海、空三界的一切生物之后，这灵魂便再一次投生到人体里面来……希腊人也采用了这个说法，就好像是他们自己想出来的一样。"孔子却说："未知生，焉知死。"如此看来，希腊的灵魂不灭说也是一种舶来品。

2. 即人即神的希腊世界

自晚清和新文化运动以来，中国人一直以为古希腊人是理性的楷模、智慧的典范，可是只要多多留意一下西方古代典籍，我们会骇然发现，他们固然表现出很强的理性精神，但比之同时期的中国人，其思维中的怪力乱神多得多。

比方说，在赫西俄德著名的《神谱》中，大地之神该亚与她儿子乌兰诺斯交合，生出三个各有一百只肩膀五十个脑袋的魁伟儿子。该亚又与塔耳塔罗斯交媾，生出长有一百个蛇头的巨蟒提丰。提丰不仅长有一百个蛇头，这一百个蛇头还个个口吐"黝黑的舌头"，而且蛇眼里"火光闪烁"；当他怒目而视时，"所有脑袋都喷射出火焰……发出各种不可名状的声音"。不仅如此，这条凶暴恐怖、无法无天的巨蟒甚至还将他的壮伟基因遗传给了下一代。他与"目光炯炯的少女厄客德娜相爱结合，使她怀孕生下了凶残的后代"，此即刻耳柏罗斯，一头"长着五十个脑袋、吠声刺耳，力大残凶，以生肉为食"的妖怪。

如果你恰恰受过人类学训练，就可能会为这些匪夷所思的形象打圆场，说新石器时代晚期的人类想象力是多么不受羁绊，多么自由！但如果你不受人类学的业内行规约束，为什么不可以说这反映了原始社会末期人类的野蛮、蒙昧、恣意放纵？其实，这也是为什么早在五四时代，周作人一方面无比喜爱希腊神话，另一方面又不得不承认，它在本质上与其他古代社会的神话没有大异，甚至富含"恐怖分子"（"分子"借自化学术语）。在他看来，只是进入诗人、悲剧家、画师和雕刻家的时代亦即"古典启蒙"时代以后，希腊宗教才不再受祭司支配，而较多受诗人影响，其"恐怖分子"才被逐渐清除，转变为"美的形象"；希腊神话也只是在"恐怖分子"被请走，变"美"以后，才被罗马诗人"借用"，罗马文化也才得以后来居上。事实上在思想、艺术繁荣昌盛的古典时代，希腊的怪力乱神明显少于古风时代和黑暗时代。只要想一想悲剧中的俄狄浦斯，这点便清楚了。他居然能对无意中发生的血亲性行为羞愧得无地自容！相比之下，乱伦狂欢的奥林帕斯诸神是多么不知羞耻！

但真正、彻底的"启蒙"谈何容易。希腊神话接着怪物提丰和刻耳柏罗斯往下讲的，是令人毛骨悚然的杀子飨神的故事。为了考验诸神的智慧，宙斯宠爱的儿子坦塔洛斯在一次众神会议上，竟端出儿子佩洛普斯的肉供他们享用。坦塔洛斯虽然因此被罚入冥界，但血亲相戮、杀亲以食的故事却继续上演。佩洛普斯的儿子阿特柔斯与其弟梯厄斯忒斯争夺权位，假装与弟弟和解，请他赴宴。但这不仅是鸿门宴，更是食儿宴，主菜就是弟弟几个儿子被煮熟的肉。此后，坦塔洛斯家族中虽不再有亲人相食之事，但兄弟叔侄为争权夺位而相互杀戮的戏剧却仍在上演。甚至晚至古典时代，在埃斯库罗斯《俄瑞斯忒斯》中，妖魔鬼怪也仍十分猖獗，尽管已不再有杀子飨神、杀亲以食式的野蛮了。如果说苏格拉底心的"精灵"对他本人和他人均未产生不良后果，阿伽门农的"家族精灵"却远非这么安分守己。阿伽门农家族成员正是在该"精灵"指引下，上演了一环扣一环亲人相戮的惨剧。

当然，希腊神话中的食人故事大多与权位继承有关，反映了蒙昧时代氏族内权力更替时人类的残酷争斗。其他民族历史上也发生过氏族或家族成员争夺权位而相互相戮之事，中国人和犹太人并不是什么例外，但似乎没有哪个民族能像希腊人那样如此沉湎于亲人相戮的叙事，如此陶醉于亲人相食的细节。

这多少说明与同时期中国人、犹太人相比,希腊人的伦理向度相对薄弱。过分尚德的倾向固不可取,明显非道德的秉性也绝非健康。即便以上故事只是一种神话,也不可能没有后果;思维与行动之间并非总有一个绝缘层相隔,总是在相互影响。希腊人臭名昭著的窝里斗、"希腊人相遇,其争必烈"之英谚,并非空穴来风。

巫女美狄亚的故事,也非常引人注目。为了阻止父亲追赶爱人伊阿宋,她杀死了与自己并无过节的弟弟,并将其尸体砍碎散扔在河里;后来又设局诱使伊阿宋的叔叔兼仇人佩利阿斯的女儿们将父亲杀死、砍碎、煮烂;再后来她年老色衰,伊阿宋爱上了年轻的姑娘格劳刻,她对心中的愤怒丝毫不加抑制,对伊阿宋大肆报复,不仅杀死情敌格劳刻,还杀死了她的父亲克瑞翁;为了使复仇来得彻底、决绝,她甚至不惜杀死两个亲生儿子。你可以说她是一个爱情至上者,"敢爱敢恨",才做出这种事来。但如何解释她杀死并未冒犯她的弟弟?如何解释她的恣意纵情,大开杀戒,很大程度是因"精灵"操控?无论原因为何,她杀亲复仇的故事在希腊广为流传,得到欧里庇得斯大力推崇,甚至被中国五四时代文化人(如周作人)津津乐道。但以今日标准看,她是一个不折不扣的恐怖分子。

美狄亚故事清楚说明,古典时代虽清除了不少怪力乱神,但"恐怖分子"一如既往,继续支配着希腊人的精神生活。甚至可以说,此时虽发生了"古典启蒙",但那大体上只是少数知识分子的事，广大群众仍一如既往，继续沉湎于精灵和魔法的世界。即便对大多数知识分子来说，这种理性化运动或"启蒙"也并非彻底。这就解释了为什么悲剧中仍充斥着神灵和巫觋，为什么苏格拉底总是宣称受心中"灵怪"的指引（尽管不是坏"灵怪"），为什么柏拉图的学问总是与诸神搅和在一起，离严格意义的哲学还有很大距离，甚至可以视为神学；为什么柏拉图的学问与基督教理念非常契合，深度参与了基督教神学的构建。

诚然，神话不等于现实。甚至可以说，神话是古人对自然和社会现象的天真解释。如此这般，巨蟒提丰便是火山的化身，是古人对火山现象的儿童式认知；坦塔洛斯家族血亲相戮、杀亲以食的传统则反映了蒙昧时代残酷的代际权力争斗。可是，如果能把一百个蛇头之巨蟒和五十个脑袋之妖怪的故事讲得如此栩栩欲活（中国人固然从印度舶来了千手观音，但是很快就把他中国化了，甚至把他由男性变性为女性，把他改造得无比慈悲、安详、暖心，最后中国观音与提丰和刻耳柏罗斯们相比，竟看不出有哪怕一丁点相似之处），如果能把父子相残、兄弟相残、兄妹相残、父子相食、叔侄相食的故事讲得如此变态，如此杀气腾腾，如果只因祭祀方法出错，被宰杀之牛的皮便开始爬行，烤叉上正在被烧烤的生肉块和熟肉块便发出轰响，声如牛哞（《奥德赛》），如果"斯芬克司"被普遍认为是一种长着翅膀的狮身女怪，"格里芬"被普遍认为是一种鹰头狮身的怪兽，"戈耳工"被普遍认为是一种头发为毒蛇而且长有翅膀的女怪，"客迈拉"被普遍认为是一种狮头羊身蛇尾的吐火女怪，为什么不可以说，希腊神话中充斥着"恐怖分子"即怪力乱神？希腊人头脑中魑魅魍魉、妖魔鬼怪如此之多，一个重要原因难道不在于其当时的脱魅水平仍然太低，其"迈索斯"或神话思维仍然太强，理性思维仍然不足？

如果说正因"恐怖分子"大行其道，才有经久不衰的诸神崇拜，也可以说正因此缘故，才有经久不衰的造神运动。为什么在所有古代民族中，唯独希腊人对造神——其基本方法为把人变成神——如此乐此不疲？并非偶然的是，犹太人原本超越自然和人类社会的唯一神，来到多神崇拜希腊世界后，竟可以道成肉身，成为神人合一、圣父圣子合一的救世主。希腊的造神传统基于这一信念：人与神一脉相承，人是神，神是人，二者之间没有根本隔阂。在《会饮》中，柏拉图让苏格拉底转述狄奥提玛的话，以回答爱洛斯（Eros，也译作"爱神"或"爱欲"）究竟为何的问题。他说，爱洛斯既非神也非人，而是介于神人之间的精灵。"精灵"是什么？是这么一种存在，他们"往来于天地之间，传递和解释消息，把我们的崇拜和祈祷送上天，把天上的应答和诫命传下地；由于居于两界之间，他们沟通天地，把整个乾坤联为一体，成为预言、祭仪、入会、咒语、占卜、算命的媒介"。不仅爱洛斯精灵能打通天地人神的区隔，情欲勃勃、以阳物为象征的狄俄尼索斯也有相同的能力。他能把"超自然插入自然"，穿梭于阴阳两界，连通"此世"与"彼世";还能使参加其祭典的妇女进入恍兮惚兮的状态,成为癫狂的"米那得疯女";这时,"人这种造物扮演了神,而神则在虔诚者里扮演了神,二者之间的界限突然变得模糊不清。"狄奥尼索斯的大能还不止于此。他还能摧毁人与神之间的阻隔,打破赋予世界和谐和秩序的所有范畴、分别或对立——男与女、天与地、人与兽、远与近、文明与野蛮——之间的分界。

因此毫不奇怪,在《伊利亚特》中,当希腊人和特洛伊人鏖战正酣,希腊方面的大将墨涅劳斯占了上风,正要一刀结果帕里斯(正是他拐走墨涅劳斯的美艳妻子海伦,而引发了特洛伊战争)的性命时,一旁观战的女神阿芙罗狄忒按捺不住介入的冲动,把她一直偏袒的小鲜肉"摄走","裹藏在雾里,放落在他宅邸清香飘散的寝室里",让他与海伦共享床笫之欢;"嗜战的墨涅劳斯"此时只得可怜兮兮在战场上干等,压根儿不知道情敌去了哪里。同样不奇怪的是,苏格拉底与斐德罗谈学论道,会在北风神波瑞阿斯和狩猎神阿格拉出没之地,以及河神阿刻鲁斯和水仙林妖的神龛神像所在地等处。不仅如此,他们进行"哲学"讨论时,会近乎天经地义地假定,这些神祇统统是存在的,丝毫不觉得对于"哲学家"来说这有任何不妥。

既然人与神之间没有一个界限,诸神就在世界中,神圣与世俗也就没有根本区别,二者之间甚至存在着一种统一的"神圣性等级"。事实上,希腊世界神圣无处不在,社会、政治与宗教尤其不存在对立，因为政治本身与宗教紧密相关、交织，因为宗教本身完全融入社会和政治生活。即便晚至古典时代，诸神仍会来搅和人类的政治事务。在广场上，在议事会和公民大会上，神祇总是在场，奥林帕斯诸神如宙斯、雅典娜、阿耳忒弥斯、阿波罗，以及赫尔墨斯和阿芙罗狄忒更是无一不有，无一不到。诸神甚至可能在极为严肃的政治会议中"现身"，以充当城邦保护神的方式参与公民生活的实践、仪式和制度。

最可能让现代人大跌眼镜的是，很少有其他古代民族像希腊人那样，毫无顾忌地混淆人与神的区别，像他们那样真诚相信并一再重申：本人是某个神的后裔，或至少是某个神的远房亲戚，或干脆就是某个神的儿孙。希腊神话中，公正虔诚的埃阿科斯是宙斯的儿子；刀剑不入的阿喀琉斯是宙斯的孙子、海洋女神忒提斯的儿子；作为特洛伊战争诱因的海伦就更不是凡人，她原本就是宙斯的女儿。同样不奇怪的是，作为一特定社会群体，某家族甚或城邦会真诚地相信，并在各种场合以各种方式郑重宣示，他们身上流淌着远古神灵的高贵血液——如阿伽门农和墨涅劳斯兄弟是阿特柔斯的之子，斯巴达人都是赫拉克利斯的后裔。

世俗的现代人一般会像孔子那样敬鬼神而远之，会保存好历史人物的故居和遗物以供后人瞻仰。希腊人的做法刚刚相反：他们会万分认真地保存好被认为是神祇用过的物品，祭拜被认为是神祇出现过的地方（故希腊神祇遗迹无处不在，无可逃避），而对历史上真实人物的故居和遗物却丝毫不感兴趣。不仅如此，希腊人还能随时造出新的神来。如果某个竞技者在奥林匹克赛会上获胜，或某个将军赢得一次重要战斗，使被敌人围攻的城邦转危为安，就会立刻被封为神，受到公众敬拜。希腊人的这一秉性甚至迷惑了不少研究历史的现代人，使他们误以为提修斯、吕库古一类亦人亦神的变法者是真实存在过的人物。希腊人对传说中的历史事件和人物兴趣如此之大，对真正的历史事件和人物态度如此淡漠，一定会使不语怪力乱神的中国士人万分惊讶。在先秦时代，中国人（至少中国精英）的历史意识已相当成熟，其实践理性已有不俗的表现，对于幻觉产物的"事件"和半人半神的虚构人物，是不会相信的。

因了这些缘故，现代人见到希腊人的一些做法肯定会深感诧异。比如，麦加拉人授予亚历山大名誉公民时一本正经地强调，除了赫拉克利斯，他们从未将此荣誉授予任何人类，仿佛赫拉克利斯是历史人物；斯巴达人认定赫拉克利斯及整个赫拉克利斯家族是其祖先，万分严肃地在公开场合、战场上和官方法令中一再郑重其事地做这种宣示。再如，在古典时代雅典，几乎所有法庭地点都与神话故事联系紧密，数量众多的世袭祭司时时夸耀其神圣高贵的血统；没有哪个雅典人会关注梭伦、伯里克利或德摩斯提尼之类历史人物在关键时刻出现的地点，但人人都能准确地说出某神话事件发生的场所。再如，在阿里斯托芬喜剧《阿卡奈人》中，公民安菲提欧（Amphitheos，即"亦人亦神者"或"半人半神"）声称其为得墨忒尔和特里普托勒摩斯的后裔，警察威胁他，他便把自己的神祇祖先搬出来吓唬他。某些人对自己身上的诸神血统如此确信，竟明目张胆地用历史事实的口吻讲话，连用来证明自己出身的"遗物"也不保存。

如果说希腊人神不分，人可以是神，神可以是人，而且还会随时制造新神，西亚地中海世界的其他民族是不是同样如此呢？据希罗多德的《历史》，至少埃及人不是这样的。米利都历史家海卡泰欧斯来到埃及的底比斯城；在那里，他回溯自己的身世，发现自己在十六代人以前与神有血统关系。于是他向埃及祭司炫耀，他是神的第十六代传人！但他被告知，埃及人"不会相信他那种认为一个人可以从神生出来的话"。埃及祭司们还说，他们只相信一个人可能是一个"披罗米斯"的子孙，而一个"披罗米斯"可能是另一个"披罗米斯"的子孙。那么"披罗米斯"为何？这个希腊词的意思是，"一个在各方面都优秀的人物"。

然而，最动人的半人半神的故事，竟事关大哲学家柏拉图的身世。根据拉尔修的狄欧根尼的《杰出哲学家生平与思想》（而狄欧根尼所根据的，又是斯普西普斯的《柏拉图丧宴》、克勒尔库斯《柏拉图颂文》和阿那克西利德《诸哲学家生平卷二》等）一书，柏拉图的父母亲根本就不是凡人，而是波塞冬的后裔。尽管如此，柏拉图本人可能并不是他母亲佩里克提欧涅的法定丈夫阿里斯通的儿子。包括柏拉图的亲密伙伴在内的所有人都认为，阿波罗很可能跟他美丽的母亲同过床。这么说有什么根据呢？当然有，那就是当时雅典坊间流传着的一则美丽的故事：一天，阿里斯通企图"强暴"美丽的佩里克提欧涅，却未能如愿；休战时，他梦见了阿波罗幻象，于是十分知趣地让贤，"有意回避与她同房"，直到佩里克提欧涅怀上了柏拉图。原来，柏拉图不是凡人。他是阿波罗的儿子！

及至公元纪年初，拿撒勒的耶稣被认定为独一无二的"真神"，即"上帝"本身，希腊人的造神传统终于达到登峰造极、无以复加的地步。

七、奥 运 史 话

1. 奥运会为何起源于古希腊?

2016年是奥运年，如果在网上搜索一下，可发现第31届夏季奥运会的大量信息。不妨问一个问题：人类历史如此绵延悠长，为何才举办第31届奥运会？

见多识广的人们知道，所谓第31届，只是现代奥运会第31届；古希腊罗马也是四年搞一次奥林匹克赛会，从公元前776年奥运第一次见诸史籍，至公元392年罗马皇帝狄奥多西一世明令禁止异教活动，包括奥运会在内，古代奥运会已举行了近1200年；只是在法国人顾拜旦的倡导下，现代人才于

1896 年再起炉灶，开启了现代奥运会传统。

更有意思的一个问题或许是：奥运会为何最早出现在古希腊？在回答问题之前，首先应当看到，各民族早期都经历过一个体育相对发达的时代。这很大程度上是因为国家仍在形成之中或形成后不久，各人类群体间的战争频率比后来高，必须进行与军事密切相关的体育训练，保持良好的身体状态（从我国古代"六艺"即礼、乐、射、御、书、数中，军事性的射、御即占两艺便可见一斑），方能有更大的生存发展机会。体育因之而盛。

奥运会产生在古希腊绝非无缘无故。除了各民族历史上都有过的原因外，希腊还有一些额外的原因。首先是散裂的地缘格局。所谓"希腊"与两河流域、黄河流域和印度河流域很不一样，从来就不是一个陆地整块，而是分裂为多个相对独立的地区，如阿提卡地区、伯罗奔尼撒半岛、贴撒利平原、小亚沿岸、爱琴海众多岛屿上的城邦、西西里岛沿岸和意大利南部诸城邦等；大海、河流、山峦和峡谷又将不同地区、半岛和岛屿隔断，更将同一个地区分割成多个城邦。地区之间和城邦之间虽有阻隔，但因海洋的连接作用，也因诸多山间隘口的存在，大体上仍能勉强组成一个松散的"国际"体系。

在相当长一段时期，由于这种特殊的地理格局，希腊连有限的政治整合也不能实现，遑论大一统，而相比之下，华夏核心地区正紧锣密鼓地上演着大量"小国"迅速消失，少数几个大国崛起，及至公元前 3 世纪后半叶，更有大一统中央王朝的形成。反观希腊，地域面积有限，主权独立的政治实体数量却相当大，不仅大大超过广袤且一马平川的黄河中下游地区，而且超过两河流域、尼罗河流域等地。仅就政治整合进程而言，即使政治分裂的中世纪欧洲，也难比古希腊。1648年威斯特伐利亚条约签订时，欧洲只有三四百个主权平等的政治实体，但古希腊疆域明显更小，人口更是少得多，却竟也有数百个乃至上千个城邦。正是由于高度分裂，一盘散沙，没有一个国家有能力把所有其他国家统合起来，才使得数百个希腊城邦在相当长一段时间里能各自为政，甚至组成了一个迷你型"国际"体系。在此体系中，大大小小的城邦不能仅玩"国际"政治乃至战争，合纵连横，争斗不休，也能玩体育竞赛，甚至发明了多种体育赛会，其中包括四大"国际"赛会，奥林匹亚赛会便是其中之一。

奥运会得以产生，气候也是极其重要的原因，不可忽视。古希腊体育之所以发达，很大程度上是因为这里地处温带，气温既不太热，也不太冷，极适合开展户外运动。这里除了冬季多雨，春夏秋季空气十分干爽，对于开展户外运动也非常有利。与降雨量过大而且非常湿热的热带地区和高纬度的寒冷地区相比，希腊实在是体育爱好者的天堂。因为湿热天气会降低人体排汗降温的效率，从而降低运动效率，而在冰天雪地的北国，就连开展短跑、长跑、跳远等最基本的体育项目也很困难（按：正式的冰雪运动更多是一种工业革命之后的现代现象）。气候还从另一个重要方面影响了古希腊体育——干旱的天气使本来就稀少的可耕地土壤贫瘠，使希腊生产和生活资源处于较为匮乏的状态，这多少解释了希腊人好勇斗狠、酷爱竞赛的性格。这种民族性格对于体育的繁荣和发展是有利的。

还有一个原因值得注意：同现代欧洲或者亚洲相比，希腊是一个相对较小的世界。这其实是奥林匹克运动得以兴起的极为关键的一个条件。希腊世界的"天涯海角"虽然远至黑海北岸和西班牙，但人口主体却集中在希腊半岛、意大利南部、西西里东部和北部沿海以及爱琴海岛屿这一相对狭小的地带。即便交通不便，在时间并不等于金钱的古代，小康之家的希腊人四年一度从各地从容赶到伯罗奔尼撒半岛的伊利斯（旅程为一日至数日，也可能更长），参加或观看竞赛，并非难事。如果你酷爱奥林匹亚赛会这一集大型祭典和最高比赛于一身的宗教盛会，就更非难事了。若希腊世界太过广大，譬如有西欧和中欧加起来那么大，或有黄河和淮河中下游平原加起来那么大，就很难说会有奥运会了。

还得考虑到外来因素。正如在宗教、艺术、文学、文字、哲学、科学、航海技术甚至铸币方面，希腊人并没有从无到有进行严格意义上的"创新"，同样，在体育方面，他们也深受东方小亚的影响。考古发掘和古代文献清楚地表明，古代奥林匹亚赛会包括大多数主要比赛项目，并非希腊人的发明（角力拳和五项全能除外，这两个著名项目是公元前5世纪希腊人的创新），而是在公元前776之前数百年间从小亚赫梯人那里舶来的。尽管如此，必须承认，借助特殊的地理和气候条件，希腊人把古代体育推到了一个无以复加的高度。

同样，没有共同的文化，奥运会也很难兴起。在希腊这个迷你型世界，及至公元前 8 世纪至 7 世纪，兴起了一种共同的希腊文化自觉：分散在各地的人们虽效忠于各自的城邦，分属不同的疆域或地区，却讲着大体上相同的语言（各地方言、语音的差异并不影响交流），有着共同的习俗和价值观，甚至祭拜某些共同的神祇。事实上，各种泛希腊赛会的兴起，都是由于各地希腊人两年或四年一度共赴相同的地点聚会，祭拜共同的神祇并进行体育比赛，而兴起的。比方说奥林匹亚赛会主要是祭宙斯的，地点在伯罗奔尼撒半岛西北部伊利斯的奥林匹亚；地峡赛会主要是祭拜海神波赛冬的，地点在科林斯的伊斯特摩斯地峡。

最后要指出的是，没有相对和平的环境，也很难说会有什么古代奥运会。由于赛会只有在相对和平的环境中才能举行，为了使各地运动员和观赛者顺利来到赛会地点，有好战名声的希腊人竟开出了"神圣休战"协定之传统。他们相信，在"休战"期间，发动战争的行为会遭受神谴。"神圣休战"协定有效期最初仅为一个月，但因路途遥远，后来延长为两个月。由于存在多个泛希腊赛会，在时间协调上一度出现过混乱，但从公元前 6 世纪某个时候起，希腊人有意识地将四大泛希腊赛会错开，结果是，每年都有一个泛希腊赛会举行——如第一年奥林匹亚赛会，第二年地峡赛会，第三年德尔斐赛会，第四年奈迈阿赛会。

有关赛会和休战的信息由东道主城邦——伊利斯、德尔斐、科林斯等——提前半年派使团向希腊人宣告。以伊利斯为例：在赛会之年的春季，伊利斯派出三位"圣使"，头戴野橄榄枝，手持权杖，由多名伊利斯贵族陪同，周游希腊各地，通报赛会即将举行的信息，要求各城邦遵守休战协定，在赛会当月停止一切战争行为。各城邦也派出重要人物充当"圣使接待者"，协助"圣使"完成使命，也借此表示遵守休战协定。

对奥运会的来龙去脉有一个了解，我们就能更好地欣赏奥运会了。

2. 古代奥运究竟是怎么一回事？

第三十一届奥运会已经闭幕，但我们仍不妨把古希腊奥运和现代奥运做一个对比，以便更好地理解现代奥运会。

规则

首先应当看到的一个重要差异是：古代奥运会虽然跟现代奥运会一样，也是四年举行一次，却并无"申奥"一说，因为赛会的主办方是固定的，永远是伯罗奔尼撒半岛西北方的伊利斯城邦；地点也是固定的，永远在伊利斯的圣所奥林匹亚，"奥林匹亚赛会"之名由此而来。另一个差异是：现代男女运动员着装参赛乃天经地义，而古希腊运动员不仅全是男性，还必须裸体。换句话说，古代奥运会是"裸奥会"。这与干爽宜人的气候条件不无关系，但是让观众尽情欣赏运动员的健美身姿也是一个重要的考虑。对希腊人而言，灵魂固然重要，但身体似乎同样重要，甚至更为重要。事实上，找不到第二个古代民族像希腊人那么着迷于人体美，也找不到第二个古代民族像希腊人那样公开歧视臃肿肥胖者。

从运动员参赛资格来看，古希腊奥运会竞技者只有通过多轮淘汰性预赛，接着又在奥林匹亚接受三十天专业培训后，才能正式参赛。更重要的是，只有品行良好的公民才能参赛。事实上，在运动员集训期间，裁判们必须对他们的参赛资格进行严格审查和筛选，非自由民、罪犯、违犯法纪者、出身不好者都是没有资格参赛的。

从赛程安排来看，古奥运比赛第一天的赛事是赛跑。第二第三天是青年项目、耐力赛、铁饼、标枪、跳远、摔跤、拳击、角力拳和骑术；第四天是五项全能及武装赛跑；第五天举行颁奖仪式及相关庆祝活动。是日，获胜者披金戴银，手持棕榈叶，在宙斯像前接受"奥组委"颁发的"金牌"——一个橄榄枝冠；然后向宙斯献祭，感谢他保佑自己赢得比赛。当时希腊人相信，优胜者是宙斯的宠儿，无其襄助，获胜绝非可能。最后是欢宴狂饮。

仪式

仪式也是奥运的一个重要方面。正如现代奥运有种种仪式，古代奥运会不仅有仪式，而且仪式的重要性远高于现代。现代人应该知道，古代奥林匹亚赛会对希腊人的吸引力并非仅在于体育比赛本身，也并非仅在于对运动员健美身体的欣赏，更大程度上在于隆重盛大的宗教祭典。这是与现代奥运会的最大的一个不同点。事实上，不仅每一场赛事都是祭献给宙斯的，而且敬拜宙斯的祭仪所花时间并不少于比赛时间。第三日的百牛祭尤为盛大，应该并不亚于现代奥运会狂欢节式的开幕式和闭幕式。一轮满月冉冉升空时，一百头帅气的白色公牛在笛声伴奏下，依严格的程序被隆重祭杀。之后，肥厚的腿肉被割下来炙烤。希腊人相信，那袅袅上升的肉烟正在被宙斯享用。但理性精神和实实在在的身体需要，已足以使希腊人认识到，宙斯既然不会真正张嘴吃肉，牛肉还得由他们这些饥饿的凡人来享用。

如果说，现代奥运会每场比赛的结果都会即时播报到全世界，金牌获得者的同胞会因之兴高采烈、欢呼雀跃，那么古代奥运会每场比赛结束时，都会有一个祭司兴致勃勃地跑到宙斯像前，双膝跪地，用亢奋的语调把比赛结果大声宣报给大神。当然，运动员们在赛前赛后也都会来到这里，匍匐在地，万分虔诚地祈求宙斯襄其获胜，或感谢宙斯助其获胜。

为确保公正，比赛期间祭司们还给十三四米高的宙斯像披上一件巨大的法官服，以此表明作为法官的宙斯开始工作了，竞赛中任何欺诈、犯规行为都逃不过他的法眼。正如现代奥运会中作弊事件层出不穷，古希腊奥运会运动员为了赢得优胜同样会铤而走险。他们虽不知道类固醇之类药物能提高运动成绩，但仍有一套作弊的方法。在公元前388年第九十八届奥运会上，一位拳击手买通三名对手（其中一人是前冠军），让他们故意输掉比赛，可"获胜"后却因拒绝付钱而被三名对手揭发。后来，相当于现国际奥委会的奥林匹亚元老院对四个当事者都进行了惩罚，责令其缴纳罚款，用这笔钱铸造了六尊宙斯铜像，置于圣园中。一尊铜像的底座刻有如此训诫："不是凭金钱，而是凭借飞毛腿和强壮的身体成为奥林匹亚赛会的优胜者。"另一尊的底座上则刻有"此尊雕像是虔诚的伊利斯人敬献给神祇的，也是为了警诫不诚实的竞技者"的字样。在公元前322年的奥运会上，五项全能选手卡利波斯买通了对手。事情败露后，二人拒付罚金，结果被双双逐出赛会。

执迷

古希腊人对于奥运会的执迷非现代人能比，甚至非现代人所能想象。在没有现代传播手段来调动民族主义情绪的情况下，这种执迷就更令人惊讶了。公元前480年，当少许斯巴达人在温泉关奋力抗击波斯大军的入侵时，数万名希腊壮汉正在奥林匹亚声嘶力竭地为一场摔跤比赛助威呐喊。这使波斯方面一位将军百思不解——希腊人为何竟对这芝麻大的事如此狂热？当得知优胜者的奖品竟是一圈橄榄枝冠时，他甚至无法掩饰对希腊人的鄙夷。此事每每为后人所津津乐道：希腊人为了不错过一场比赛，可以置生死于不顾。

古希腊人对奥运的执迷还可以得到其他方面的印证。希腊世界城邦林立，希腊人的窝里斗臭名昭著，但是在举行奥林匹亚赛会的五日期间，争战不已的城邦之间必须遵守神圣休战条约——希腊人相信，违约者必受天谴。不仅如此，在希腊人看来，未能亲身经历一次奥运便离世，可谓人生的最大失败；反之，若已去过奥林匹亚观看赛会，且不止一次，便可谓人生圆满。有个希腊人甚至在其墓志铭上吹嘘：他一生看过整整十二届奥运会！考虑到古代交通和住宿条件之恶劣，这种自我表彰并非完全没有道理。

据说，泰勒斯也是个奥运迷，他在西方哲学史上首次提出纷繁万物有一个共同本原：水。正是在举行盛典的草地上，这个以水为万物之源的哲学家竟因腹泻脱水而死！据流传至今的记载，除了泰勒斯，柏拉图、希罗多德、修昔底德、卢西安、鲍萨尼亚、索福克勒斯等思想家、文化人，还有政治人地米斯托克利、亚西比得等，也都来奥林匹亚赛会朝过圣。亚里士多德并不是一个了不起的运动员，从未获得过优胜，竟然设法在奥林匹亚圣地为自己塑了一尊雕像，与优胜运动员的圣像在圣所共享永恒的荣光！这些哲学家、历史学家、戏剧家和政客来这里不仅是为了看比赛，也是为了在比赛过程中被看，被注意。奥林匹亚赛会既然是古希腊四大赛会中最有名的一个，为规模最大的宗教集会，自然也是最佳公关场所。

尤其让人大跌眼镜的是，某些人为了扬名立万，竟不愿继续默默无闻地著书立说，皓首穷经，而是径直来到热闹无比的赛会现场，当众朗诵自己的作品，以博得眼球与喝彩。可是久而久之，即便这种办法也无法使展示欲过于强烈的人们满足。在公元161年的奥运会上，犬儒派哲学家普洛透斯宣布，他将在下一届赛会当众自焚！在四年后奥运会的最后一夜，他果然履行承诺，在距圣所3.7公里处的一个火堆上，做了高调而痛苦的自我了断。这种空前绝后的自焚秀，因卢西安对普洛透斯品行的犀利讽刺而广为人知。

输赢

古代奥运会不同于现代奥运会的一个最重要的方面，可能还在于它有着完全不同的名次概念。古希腊人固然大搞民主，甚至以抽签选举官员，但在奥运奖牌的设置上，走的却是彻头彻尾的精英主义路线。在比赛项目本来有限（只设210码跑、立定跳远、铁饼、标枪、摔跤、拳击、角力拳、五项全能等）的情况下，希腊人竟只奖励冠军，根本不奖励其他"名次"。也就是说，古代奥运只有一个"名次"，或者说没有"名次"，是一种地地道道的零和游戏。赢就是赢，是唯一的；输就是输，是绝对的，哪有在输家中再决出多个"赢者"的道理？

这对运动员意味着什么？赢者风光无限，绝非那位波斯将军所误解的那样，仅得了一圈橄榄枝冠。除了母邦奖励的钱财、粮食和橄榄油够他享用终生，还会在奥林匹亚的圣所给他立一尊大理石塑像供人们瞻仰。冠军不仅青史留名，而且被尊为神。相形之下，输者的境遇就太悲惨了。古希腊人没有怜悯的惯性／天性，选手如果输了，回到家连母亲也不会给他好脸色看。夺冠就是一切。输了比赛，生命还有何意义？故此，失败运动员自杀或患抑郁症之事不绝于史。这意味着，古希腊运动员的职业风险远远高于现代运动员。

这只是古代奥运的一个方面。其残酷性还表现在另一个重要方面，即运动员受伤流血、致残致死被认为是理所当然，愿赌服输，自己对自己负责，不值得大惊小怪。现代拳击项目不仅从规则上确保运动员安全，而且按运动员体重把拳击比赛分成若干级别，甚至还从技术或运动装备方面细心保护运动员的身体。恰成对照的是，希腊人在角力拳的规则方面根本不区分竞赛级别，甚至在对手倒地后，还可对之进行连续猛击，直至其向裁判示意服输。

目的

古希腊人之所以发展出了林林总总的体育运动，是因为当时战争不断，甚至可以说战争就是生活，生活就是战争。正是由于这个缘故，那里发展起来的体育运动与战争无不具有密切关联。体育源自战争，有赤裸裸的战争性（尽管也有宗教性的一面）。或者说，体育起初主要是为战争服务的，很大程度上就是战争的演习和准备，甚至可以说，是战争的延续和替代物，或者说另一种形式的战争。除摔跤和角力拳具有相当明显的战争性以外，210码短跑、标枪、铁饼、五项全能项目也无不如此。其中，标枪和铁饼项目至今仍在全世界开展，仍使人不寒而栗。事实上，在这两个项目的训练和比赛中，直到今天，致命事故也时有发生。另一项著名项目是"重甲短跑"，即披挂实战用的盔甲、手持实战用的长矛短剑进行短跑比赛。这与实战有多大的差异？不可否认，其他民族早期历史上也出现过体育与军事密切挂钩的现象，但还没有哪个民族达到了古希腊人这种程度。

盛况

不妨设想，一个现代人来到公元前2世纪伊利斯的奥林匹亚，他会看到什么？会看到这里喧喧嚷嚷，热闹非凡，三教九流，各色人等应有尽有：除了旅馆老板、小摊贩、厨师、音乐人外，还有变戏法的、玩杂耍的，更少不了妓女和娈童。他会发现，这里除了宗教建筑，还有供竞技者使用的专门房屋和练身馆，竞技者可以在里面进行投掷和跑步练习；这里的角力场所不仅可以接待竞技者，里边的院子还可用作拳击和角力拳的练习场所；东道主会修建一个大型旅社和一个大型饭堂，供接待贵宾之用；伊利斯还设有一个议事厅，专供赛会组委会开会之用；此外，还有祭司居住的专门房屋。这个现代人也会看到，两条长条形石板标志着赛跑项目的起跑线和终点线；由于没有信号枪一类东西，运动员起跑以号声为信号；观众席地而坐，裁判则坐在赛场中央的石台阶上。甚至此时已出现了专业警察。

这个现代人还会发现，第一天的安排是在阿尔提斯圣园举行祭祀，而远未到天明，准确地说，还在夜半时分时，能容纳四万人的竞技场已是座无虚席。比赛开始前，运动员在议事厅向宙斯神像庄严宣誓：遵守规则，公平竞争。拂晓时分，号手领着队伍前进，裁判员走到竞技场中央的石台阶上；紧随其后的，是各城邦使团；然后是来自各地的运动员。裁判员两边坐着各城邦官员或议事会成员、奥林匹亚圣所祭司，以及伊利斯的元老们。

看来，现代奥运尽管不同于古代奥运，甚至有不少差异，却继承了其基本理念。

八、尾声：论希腊人

希腊文明无疑是优秀的。它如此优秀，以至于五四知识人曾一度"言必称希腊"。但它毕竟未能像印度文明、中华文明等那样，以种族和国家的形态一直存续至今，而是在公元纪年开始之后不久便消亡了。后起的欧洲文明不能视为其延续，从种族、精神气质乃至地域分布来看，后者迥然不同，是另一个文明。问题来了：好端端一个文明，除了留下令人叹为观止的文化，为什么说没就没了？

希腊灿烂的艺术、精美的建筑、丰富的文学、发达的科学，以及概念清晰、思维缜密的哲学和史学，直到今天仍使人叹为观止，甚至令其他文明中人羞愧难当（如周作人）。这一切有大量实物、遗址，以及包括希腊著作的阿拉伯语翻译在内的大量文献为证，不是想否认就能否认的（近年来某些人企图否认希腊文明的存在，这委实太难，得有巨大的情怀，而想要借否认另一个文明的存在来证明自己优越，怎么说也不聪明）。尽管在很大程度上，希腊人的成就也是继承和发扬埃及、两河流域等上古文明的一个结果，但他们的聪慧不容置疑，几乎无需证明。可恰恰在一个最根本的方面，希腊人表现极差：对外大搞帝国主义，对内窝里斗不息，文明的早夭很难说与此无关。

谈希腊，很大程度上就是谈雅典。众所周知，古代雅典的兴盛，大体上靠的是对数十个同胞城邦和周边异族的军事霸权和经济掠夺。没有这种掠夺，就不可能有今人所知的文化成就。雅典仗着军力优势统治和剥削着众多希腊小邦，对反叛行为动辄灭族，更将大量盟金挪为己用大兴土木（著名的帕特农神庙是在提洛同盟成立后才修建的）。盟金实已变为贡金，盟邦实已沦为臣邦，哪还有什么同盟，有的只是一个以雅典为黑老大的帝国。据芬纳在《统治史》一书中的说法，正是这种野蛮习性使雅典人做出了"要么危险，要么愚蠢，要么显然邪恶"的诸多决定；而"一心想要征服，要征收贡奉，要将对手斩尽杀绝，并让其妻子儿女沦为奴隶"的心态不仅存在于统治阶级中，普通公民也难辞其咎。

希腊人对外的贪婪性和掠夺性，同样表现在对内关系上，或者说，对外关系上的帝国主义和霸权主义是窝里斗的放大："作为附庸，希腊人桀骜不驯；作为公民，他们拉帮结派；作为主人，他们自负习蛮。"（芬纳语）这就是为什么从一开始，同根同脉的希腊城邦间便不断发生摩擦、冲突和战争，而使各方元气大伤的古代世界大战——伯罗奔尼撒战争——只是这种状况在全希腊的总爆发。事实上，战争是希腊的常态。从公元前479年至公元前338年，雅典每三年中就有两年处于战争状态，从来没有十年以上的和平。这使希腊世界的整合永远无法提上议程，也解释了为何会有"希腊人遇到希腊人，其争必烈"这句英谚。

希腊人既然如此好勇斗狠，就不难明白为什么"仁慈""怜悯"等词在其语言中从来就没有什么地位。在道德家苏格拉底那里，"美德"获得了前所未有的重要性。但是，这"美德"首先意味着"勇敢"，其次意味着"智慧""公义""节制"等。苏格拉底甚至还说过"知识"即美德一类话，却唯独不讲"仁爱""仁慈""怜悯"等。相比之下，同一时期儒家的首要理念是"仁"，而"仁"的核心内涵是"爱人"，即"己欲立而立人，己欲达而达人""推己及人"，以及"己所不欲，勿施于人"等。大体同时代的其他宗教如犹太教、袄教、婆罗门教、佛教和耆那教等也有类似的理念。因此完全可以说：**希腊人智商高，德商低。作为一个民族，他们的道德演进水平明显低于同时期其他文明。**

为什么希腊人会如此不同？其凶狠好斗的性格究竟源自何处？首先源自高度散裂的地缘格局。这使数百个城邦长时期争斗不息，殊难统一。其次源自恶劣的自然条件。希腊可耕地少，降雨量小（连有"粮仓"美誉的贴撒利平原降雨量也低至55毫米），土壤贫瘠，不能养活大量人口。更糟糕的是，地中海式气候使本来有限的降雨集中在冬季，而非农作物生长的春季夏季；即便在雨水较多的季节或年份，降雨也很不均匀，造成旱涝灾害。因此，农业收成毫无保障，只有发展出较高的智力和一种穷凶极恶的性格，最大限度地从同胞和外族那里争夺资源，才能生存。希腊人之智商高、德商低并非毫无原缘。

罗马兴衰

一、帝国何以崛起

罗马帝国的衰亡似乎是一个永恒的话题，几乎每年都有新书问世，相关论文更是多得无以计数，大家仍不觉得审美疲劳。这并不奇怪，毕竟，罗马帝国给现代西方留下了一笔丰厚的法律、宗教、政治和文化遗产，更对世界文明的进程产生了深刻影响。可是，为什么不可以在着迷于罗马帝国衰亡的同时，探讨一下它何以能够崛起？

大约在公元前9—公元前8世纪，意大利半岛中部偏西处兴起了一个叫"罗马"的蕞尔小邦。它逐步发展壮大，用军事手段和政治手腕逐渐降服了整个意大利，进而征服了希腊半岛的马其顿王国和西亚的塞琉古王国，最后更在内战结束时吞并了埃及、北非沿岸、现西班牙、法国以及不列颠大部、莱茵河上游和多瑙河下游地区，形成一个疆域空前的大帝国。在古代世界，罗马帝国疆域之广大，只有远在东亚的秦汉可比。

事实上，从公元前 2 世纪至公元 5 世纪，罗马人一直是西亚地中海世界的历史主角。罗马帝国的国祚也不算短，如果以公元前 201 年第二次布匿战争结束为起点，西罗马帝国存在了近 700 年；如果把拜占庭视为罗马在东方的延续，则帝国的生存时间更长达 1600 年。与希腊半岛兴起的斯巴达人、雅典人和马其顿人的帝国相比，罗马人的成绩好得多，是唯一一个把整个地中海世界统一起来并长期维持统治的古代民族。这种政治成就很大程度上建立在罗马人很早就整合了其近邻诸拉丁部落这一优势上。问题是，罗马人最初为何能如此成功地整合周边民族？根本原因还得从地理格局和自然环境去找。

从气候和土壤条件来看，虽然意大利半岛四分之三的地方是丘陵，但山脚下通常是较为平坦的土地，且气候一年四季都相对温湿，十分有利于农业生产。罗马的发祥地更是台伯河下游的拉丁姆平原，这里土壤相当肥沃，很早就有人类在这里定期或不定期居住，形成了较大的聚落。不仅如此，罗马北边不远处还有南欧最大的平原波河平原。该平原面积达到 4.5 万平方公里，为意大利总面积的六分之一。自罗马往南，有富饶的坎帕尼亚平原，虽小于波河平原，面积也相当可观。在古代条件下，这些平原上都能开展大规模的农业生产，因而罗马兴起后很快成为其扩张对象。一旦这些地区成为罗马政治体的一部分，其所能提供的人力物力资源又必然大大超过罗马本身。

这种优越的自然条件与希腊半岛形成了强烈的对比。那里，数百上千个城邦或部落分布在一个广大的区域，虽然发展了文化上的一致性，却因散裂的地理格局，很难进行真正的政治整合。事实上，希腊半岛可耕地多为狭小贫瘠的小块谷地。这里不仅土地狭小，气候也是典型的地中海式气候，夏季干燥少雨，暴热天气连连，而在植物休眠的冬季，却又多雨甚至暴雨。这里不仅总体降雨量很小，降雨分布也很不均匀，要么接连数月甚至一年无雨或几乎无雨，要么暴雨成灾。甚至在不同年份和地区，降雨量也有极大差别。雅典所在的阿提卡地区降雨量最高可达 400 毫米（试比较：古代黄河中下游地区降雨量约在 800—1100 之间；现北京、伦敦、巴黎降雨量在 550—600 之间），而有"粮仓"美誉的贴撒利平原，年均降雨量竟然可以低至 55 毫米。另一个"粮仓"伯罗奔尼撒半岛的阿卡地亚地区情况类似。

罗马的幸运不仅仅在于气候温湿，土地相对肥腴，其地理位置对于意大利的整合来说也极有利。罗马原本就是富饶的拉丁姆平原的一部分，罗马人与周边拉丁部族又是近亲，所以罗马乍兴之时，很容易与其结成紧密的政治共同体。事实上，罗马人很早就与周边的拉丁部族就结成了政治同盟关系。正是在此基础上，才谈得上意大利的政治一体化，而政治一体化所采取的最符合逻辑的形式，便是以拉丁人为核心，与其他部族形成政治军事同盟关系。

早期罗马地理位置之所以优越，也在于其所发祥的台伯河下游渡口地带与地中海的直线距离既非太近，也非太远，大约 26 公里；沿河航行则大约 33 公里。在历史早期，这样的距离可以说恰到好处——远则足以抵御海盗的侵袭，近则因距海仅 30 来公里，出海航行也相当便利。此外，台伯河本身也很值得注意。它虽短于波河，却是意大利半岛最长的河流，由北而南横贯半岛中部很大一片区域，十分有利于初兴的罗马向外发展。

同样值得注意的是，罗马还是意大利半岛的交通枢纽。有论者说："在贯通意大利为数不多的道路中，最方便的一条道路经过罗马。这条道路穿越西部人口稠密区，成为意大利的主要交通干线。像伦敦和巴黎一样，罗马所处位置不仅保证横渡畅通无阻，而且能控制沿河的航行……沿台伯河的谷地向内地上行，一些易于通行的山口使同一条道路不断延伸到（意大利）中部地区。"罗马人要控制这些交通要道，再扩张到整个意大利，都十分方便。

但以上讲的只是对意大利这个有限区域进行整合的有利条件。同样重要的是，意大利本身处于对整个地中海世界进行整合的优越位置。有论者说："这个地区没有成为东西地中海水域之间的障碍，恰恰相反，它在两者之间提供了一条联系的纽带，东西水域的航船均在那里出入。"狭长的意大利不仅自北向南突伸到地中海中，也刚好位于长形的地中海世界中间位置，既不偏东，也不偏西。相比之下，同属地中海世界的希腊半岛过于局促于东北角，埃及被限制在东南角，西班牙太过偏西，而迦太基则局限于北非沙漠地带一隅。

不仅如此，意大利的长筒靴形状也为那里的人们提供了一条仅次于希腊的欧洲最长海岸线。这里每 59 平方英里土地就有 1 英里长的海岸线，而在西班牙，145 平方英里才有 1 英里长的海岸线。这就意味着，意大利半岛上的居民不仅是典型的农人，也能是追风逐浪遍至整个地中海世界的航海人。早在公元前 3 世纪下半叶，在跟善于航海的迦太基人角逐中，先前主要活动于陆上的罗马人短时间内就发展起了强大的海军，与迦太基海军在西西里、科西嘉、北非打了多次大型海战。到了奥古斯都时代，罗马更建立起常备海军，以保证航运安全和帝国各地之间畅通无阻。此时的地中海实已成为罗马帝国的内湖。

总而言之，对于地中海世界的政治、文化整合而言，罗马本身及其所在意大利半岛都是气候湿润、土壤肥沃、位置适中的一个天然核心区。正是因了这些自然和地理优势，罗马国家才得以逐步降服意大利，后来更征服了地中海世界东部，甚至从托勒密王朝的希腊人手中夺得埃及，自此罗马凭借畅通的海道和庞大的船队，又多出一个庞大的人力物力基地。

凡此种种，大概足以解释为什么之前已表现不菲的埃及人、腓尼基人、雅典人、斯巴达人和马其顿人未能建立起真正意义上的地中海世界大帝国，罗马人却做到了。

二、禁卫军之祸

　　纵观罗马帝国史，一个极其引人瞩目的现象是，在长达五百年的时间里，罗马人竟未能开出一种明确的帝位继承制。帝国的皇位不仅可以儿子继承，嗣子继承，禁卫军首领或军事强人也可以凭武力继承，还可以两个儿子或一个儿子一个嗣子共同继承，更有过帝国一分为二，由四个皇帝（两个奥古斯都或"正帝"、两个恺撒或"副帝"）分别继承的局面。没有明确的皇位继承制会产生何种政治后果，不难想见。任何读过罗马帝国史的人，大概都不会忽视，围绕皇位的继承，发生过多少由禁卫军直接导演和操盘的血腥惨剧。

　　反观中国，帝位继承早在先秦时代就开出了嫡长子继承之基本原则，后在实施中虽也出现过问题，甚至严重偏离过原则，但至少已有一个基本原则，借此可大大减少权位更替中的不确定性和争斗。如何解释中国和罗马帝国这一显著的不同？在人类历史上，没有任何一个区域像中国那样，享有黄河-淮河-长江流域这么一个适合农耕且交通便利的超大陆地板块。这里，没有不可逾越的崇山峻岭和湍急水流把各区域隔断，而大河流向又基本一致，极有利于经济、交通发展和跨区域经济、社会整合乃至政治统一。这就解释了为何在政治整合与统一方面，中国从一开始便表现出了强大的文明动能。

恰成对照的是，由于枝蔓散裂的地缘格局，也因在扩张过程中意大利半岛各个部落与城邦和海外诸多政治实体以与罗马结盟的形式加入罗马，帝国从一开始便缺乏政治整合，遑论政治统一。事实上，罗马帝国不得不普遍而持久地实行地方自治，在广大被征服地区搞的所谓行省制，其实只是个空架子。在这种治理框架下，形形色色的地方自治实体除了没有外交权、宣战权，需向罗马交少量赋税，在战时向罗马提供一定数量的军队，在其他方面都近乎主权国家。这意味着，罗马帝国不仅无真正的政治统一可言，甚至缺乏政治统一的动机和意志。

同样值得注意的是，屋大维以降罗马帝国的所谓"帝制"，其实只是元首制，或一种准帝制。在此制度下，元首或"皇帝"其实只是"第一公民"或"首席元老"，而非古代西亚君王那样的"神"，或秦汉中国那样的"天子"；元老院虽然已无太大的权力，却因袭自氏族制度的深厚的共和传统，仍能在很大程度地对元首进行掣肘。既然如此，罗马人似乎就没必要在帝位承继问题上用心用力了。实际上在整个帝国历史上，"元首制"概念从未有明显的法律界定，帝位继承也从未有明确的制度安排，所造成的严重问题从未得到真正的解决。

结果可想而知。即使在"天下大治"的五贤帝（涅尔瓦、图拉真、哈德良、安敦尼、马可·奥略留）时代，罗马人也没能发展出一种相对平稳的帝位更替制度。一个殊难解决的结构性问题是，元老院既然对皇权构成掣肘，在皇位的葆有和继承方面，就必然存在诸多不确定因素。为了保住皇位，皇帝会讨好甚至骄纵禁卫军，这就难免酿出禁卫军干政的灾祸。及至2世纪后期，皇帝与元老院的权力斗争达到了白热化的程度。由于受皇帝纵容，禁卫军变得越来越腐败、贪婪、凶狠，对皇帝赏赐的胃口也越来越大，无理要求稍稍得不到满足，便立马策动哗变，杀旧君立新君，故而篡弑废立之事频频发生，成为家常便饭。

禁卫军制度始于奥古斯都时期，但从提比略时代起，便被用来威胁吓唬不听话、不合作的元老。鉴于凯撒独揽大权，遭恨被杀，自身品行不端、根基不稳的皇帝要想维持统治，自然得靠法外手段即禁卫军的武力威胁，才能勉强维持统治。可是纵容禁卫军又不啻饮鸩止渴。禁卫军能够恫吓、杀害元老，就不能恫吓、杀害元首本人？一旦尝到了权力的甜头，怎不会在操弄权力的道路上越走越远？爱德华·吉本说，"长期处在由一座富饶城市提供的安逸、奢侈的生活之中，自身具有莫大权力的意识培养了禁卫军的骄横；渐至使他们感到，君王的生死、元老院的权威、公众的财富、帝国的安危无一不掌握在他们手中。"

公元68年，"暴君"尼禄被元老院宣布为"公敌"，逃亡路上自杀后，驻守边疆的军事统帅们为了争夺帝位而大打出手，伽尔巴、奥托、维特里乌斯和韦帕芗四个军阀你方唱罢我登场，以大规模战争自相残杀，争夺最高权位。这是自屋大维登基以来，帝国在近百年内发生的首次内战，著名的"罗马和平"因之大打折扣，公元69年也成为血腥的"四帝年"。这几年里，禁卫军以杀害伽尔巴、拥戴奥托而参与皇帝的废立，扮演了很不光彩的角色。

公元193年，前所未有地一年出了五个"皇帝"，禁卫军的恶行也达到了令人目眩的新高度。皇帝康茂德行为不端，与禁卫军矛盾重重，以出售公职为由处死禁卫军长官克里安德，新任禁卫军长官雷图斯与康茂德的情妇玛琪亚又合谋杀死了康茂德，把曾与康茂德合作的罗马城执政官佩蒂纳克斯扶上皇位。之后，禁卫军因没有捞到太多利益，在罗马城里公开拍卖起皇位来。竞拍者中，居然有皇帝的岳父，罗马市总督苏尔皮西阿努斯。最后，富商迪迪乌斯·尤利安努斯以6250德拉克马的高价买下了皇位。为了使交易圆满达成，禁卫军竟杀死了刚刚继任的佩蒂纳克斯，从而引发了普遍的不满。但尤利安努斯几乎还没坐上皇位，潘诺尼亚军团拥立的塞维鲁便起兵造反，元老院借机将新皇帝处死。塞维鲁即帝位后，解散了原禁卫军以示惩罚，但旋即又从潘诺尼亚军团中挑选精兵，组成新的禁卫军。

据吉本统计，公元238年，帝位在数月间在屠戮中竟六易其手，6名皇帝先后被杀，创下全新的纪录；在皇帝伽利埃努斯活跃于政坛的15年中，共有19人登上大位，全系行伍出身，竟无一人得善终。另据统计，在皇帝伽利埃努斯一生即218年至268年这50年中，共有50名僭位者获得头衔，平均每年产生一个新"皇帝"；在 3 世纪，27 名通过法律程序即获元老院正式任命的皇帝中，除 1 人外，其余 26 人统统被杀。不用说，禁卫军参与了这些杀旧立新、篡弑废立的行动。以中国历史的标准看，这种事太过荒谬，完全不可接受。即便在宦官专权或新旧朝代更替时代，中国皇帝的废立也远没有达到如此高的频度。

在受元老院制约的准皇帝的统治下，政治稳定并非常态。禁卫军儿戏般废立皇帝以及随之而来的军人独裁、强人专政，才是常态。284 年，奴隶出身的铁腕将军戴克里先即位。鉴于历来禁卫军的所作所为，他采取强力措施降低其地位以加强控制，禁卫军从此再无权力干预政治。4 世纪初，君士坦丁大帝即位后干脆解散禁卫军，甚至摧毁了其大本营，恶贯满盈的禁卫军终于走下历史舞台。但是，尽管不再有禁卫军，但罗马帝国所受的祸害实在太久太深，及至此时，已是日薄西山，进入了垂死阶段，贤能者如戴克里先、君士坦丁竟也无力回天。禁卫军当然不是帝国衰亡的唯一原因，却无疑是一个极重要的原因。

犹太小史

一、犹太人与其他民族的"共生"

犹太人的成功常常为中国人所津津乐道，但犹太人与其他所有民族的一个极大的不同，却鲜有人提及。这就是犹太人与客居地民族的"共生"现象。

几乎从一开始，犹太人便不断从祖先之乡巴勒斯坦移居到其他地方，虽可能是被征服者赶出家园或被动移民，但大多数情况下是主动的经济性移民。所以，在汉语中，不宜用"离散"或"流散"之类语词来指称这种情形。这样翻译犹太人的 Diaspora 并不准确，会有一种过分强烈的犹太人背井离乡、流离失所的凄凉感、悲切感。事实上，犹太民族虽有客居他乡、不断遭受迫害的一面，但他们恰恰也是在不断迁徙，不断把他乡变作故乡的过程中发展壮大、兴旺发达的。也正是在这一点上，犹太人与其他民族一个重要的不同点凸显了出来。大多数民族移居异国他乡后很快便顺应当地民族的文化和语言，甚至与当地人通婚，两三代人以后便被同化了。犹太人新到一个地方，尽管也会努力做出调整以适应当地情况，比如采用当地语言，甚至一定程度地采用当地文化，但在一个至为关键的方面，却不忘"初心"，那就是，对他们的"神"的信仰以及对相应祭拜仪式、节日、习俗和禁忌的坚守。无此坚守，犹太人便不是犹太人。

　　甚至可以说，犹太人对一个无形无相、唯一并排他的"神"的至为坚定的信仰，与他们不断往外移民有着千丝万缕的联系。只有不断迁徙和寄居感所导致的不确定状态中，只有在一种叫天天不应，叫地地不灵的情形下，才有必要也才有可能发展一种异常强烈的信仰。在那种无依无靠的情况下，你只有依靠心中那唯一的"真神"了。只有他才是你最后的精神支柱。事实上，唯一神信仰是在"巴比伦之囚"以后，才最终在犹太人社群中取得主导地位的。这不仅表明犹太人的宗教信仰跟他们的寄居感有不可分割的关系，也表明犹太人的文化身份在其客居地是不断成长、变化的。在巴比伦之囚以前，犹太人之间仍盛行偶像崇拜，在希伯来圣经中，先知们严厉斥责同胞中那些搞偶像崇拜、霸人田地和妻女的不义之人。可既然被囚，要想在异族统治者面前大张旗鼓地祭拜自己的神，是不大可能的。要祭拜，只能偷偷摸摸地进行。要在极其险恶的环境中保族保种，非得坚持并发展原有信仰以加强族群凝聚力不可。一种严格非偶像的、排他的、只在族群心灵深处存在的上帝观应运而生。

如果有一个固定的、领土意义上的祖国，古代犹太人的偶像崇拜也许会保留下来，因为他们不仅有充分的自由，也有足够的活动空间。可是当他们移居他乡后，特别是当他们是一个弱势民族、一个被囚的民族时，就不太可能大张旗鼓地进行偶像崇拜了。所以，最后只有民族心底里的"神"（耶和华）才是唯一"真神"。回头看，正是在"巴比伦之囚"时，犹太人才加强和加深了信仰，巩固并强化了其唯一神观。这种唯一神观明显起到了凝聚犹太人共同体的作用，使犹太人在时运好转之前不仅没有沦落，反而变得更加坚强。当然，过于强烈的唯一神信仰并非没有问题，即具有这种信仰的人或多或少表现出这么一种思维倾向——普天之下唯独我们犹太人掌握了终极真理，其他信仰都是错误的，甚至是邪恶的。这就很容易引起信仰者与非信者之间的矛盾，甚至很容易在信仰同一个"真神"的族群内部引发矛盾和冲突。

问题是，因长期客居在其他文化占主导地位的地方，长期与其他民族生活在一起亦即"共生"，犹太人不可能不受到客居地人们及其生活方式的深刻影响。这意味着什么？意味着犹太文化的同一性也不应完全以犹太教和相应文化来界定，而在很大程度上也应该以犹太人与客居地民族所共同创造出来的文化来界定。犹太人虽有强烈的"犹太性"，或者说犹太人身上虽有底蕴深厚的犹太文化特质，但是他们所最终表现出来的文化性格，却无可置疑地具有犹太文化和客居地文化的双重属性。换句话说，长期以来，犹太文化的同一性已与客居地当地人民的文化的同一性合而为一，不可分割了。事实上有埃塞俄比亚犹太人、摩洛哥犹太人、西欧犹太人即阿什肯纳兹人、东方犹太人、塞法迪姆人，还有东欧犹太人、德国犹太人、俄国犹太人、美国犹太人。不可小看这些术语。它们本身便表明，犹太人的文化身份并不那么"纯净"。能找到一个不客居在某个非犹太文化国家或地区，不多少采用当地文化的犹太人吗？长年累月居住在另一种宗教－文化环境中，在这种环境中生存和发展，却丝毫不与当地文化"共生"，形成一种兼具犹太和当地宗教－文化要素的双重身份，太过蹊跷。既然犹太人已近乎永久性地居住在其他民族为主的土地上，将其生活方式叫作"客居"可能已不合适。

也应注意，不同地区犹太人之间的差别之巨大，完全不亚于犹太人与非犹太人的差别。比如俄国犹太人到以色列后，发现与当地犹太人之间很容易发生矛盾和冲突。无论是俄国犹太人，还是较早移居以色列的犹太人，都是白种犹太人。还有黑皮肤的犹太人。他们是公元 722 年亚述人打败犹太人以后流散出去，辗转流落到非洲东北部的，或者说，他们被认定为当时流散到非洲东北部的犹太人的后裔。他们的长相跟埃塞俄比亚人没有什么两样，最近一二十年才终于回到其"祖国"。好在以色列国家政策并不以貌取人，即不以外貌或身体特征来区别犹太人和非犹太人。经专家论证后，黑皮肤犹太人已被正式接纳为以色列公民。

因长期散居世界各地，犹太人的文化早已不"纯净"，而是混血的产物。这意味着，根本不存在一种纯粹的"犹太文化"，也根本不存在一种单一的犹太文化身份。在某种意义上虽然可以说，全世界犹太人有一个共同点，即都信犹太教。但这一判断大体上只适用于18世纪中叶以前。之后，大量犹太人——尤其是欧美犹太人——变得越来越自由化或现代化，除了其犹太血统外，在其他方面，已经与一般西方人没有什么根本区别，甚至比西方人更西方人。从目前情况来看，只有较为传统或保守的犹太人还信"原汁原味"的犹太教，定期上犹太教堂做礼拜，并且保留了相应的习俗、节日和禁忌。相比之下，"与时俱进"即现代化了的犹太人——如马克思、弗洛伊德、爱因斯坦、托洛茨基、基辛格、巴菲特、格林斯潘等——不仅数量多，而且影响力大，绝不是"正宗"犹太人所能比拟的。

现代化了的犹太人不那么信犹太教，但恰恰是他们已成为现代西方文化的杰出代表，甚至可以说，现代西方文化很大程度由他们来界定的。尽管如此，我们仍将其视为犹太人。这说明了什么？说明犹太文明由于其不断播迁的特点，远不是一个单质、"纯粹"的文明。事实上，全世界犹太人——包括最保守的犹太教徒——的文化身份都是双重的，其所体现的文化都是犹太文化与居住地文化"共生"的结果。

二、从苦难走向兴旺的犹太人

只需稍加关注便不难发现，犹太人在美国势力之大，远超区区 2.3% 的人口占比。他们中涌现出了一大批投资家、知名媒体人、大导演等。现如今如果有什么名字太过响亮，那十有八九是犹太人。比如基辛格、巴菲特、索罗斯、格林斯潘、华纳兄弟、米高梅、斯皮尔伯格、奥尔布赖特等等。如果不考虑国籍，犹太人里边的佼佼者就更多了，马克思、弗洛伊德、爱因斯坦、托洛茨基、门德尔松，不胜枚举。科学家获奖方面的数据更能说明问题，占世界人口仅 0.3% 的犹太人，竟获得了 20% 的诺贝尔科学奖。

事实上，无论采取何种标准，今天的犹太人都不可不谓兴旺发达。这当然是启蒙运动以后尤其是 19 世纪后半期以后的情形。那么历史上的犹太人表现如何？不妨先看看犹太人的"散居"或播迁现象。

因公元前 722 年北国以色列被亚述王国摧毁，公元前 595 年、公元前 586 年南国犹大又被新巴比伦王国打败并灭亡，犹太人开始了长达两三千年的散居过程。至亚历山大东征时，犹太人已散布在整个波斯帝国。在所谓"希腊化"时代及罗马时代，其分布范围进一步扩大，从小亚半岛到伊朗高原，从尼罗河三角洲到第一瀑布甚至更远，处处有其踪迹。在两河流域、叙利亚北部和埃及，犹太人尤其密集。犹太人开枝散叶到西亚地中海世界各地，最初可能是迫不得已，后来则更多是出于自愿。从罗马帝制建立至公元 235 年两个半世纪，帝国其他民族人口都下降了，唯有犹太人人口增长了。犹太人在公元 66 年至 117 年发动了三次反抗罗马统治的起义，均告失败，按理说一定有为数不少的人战死或被困死、饿死，对民族命运而言是重大挫折，但令人惊讶的是，其起义后往外播迁的规模和范围竟大大超过从前。可以说，他们在古代的扩张预示了今日的成功。

罗马帝国灭亡后，犹太人不仅散居到整个地中海世界，也播迁到欧洲其他地方。但比之从前，他们的处境变糟了。基督教一统天下后，不仅扫除了希腊罗马的宗教和文化（包括奥林匹克赛会），还把犹太人视为异教徒来对待。在基督徒看来，犹太人是杀害耶稣的种族的后代。因此，犹太人不仅被禁止与基督徒通婚，更成为整个社会的歧视对象。当时绝大多数犹太人只能住在隔土（ghetto）里，而隔土位于城外，基督徒多住在城内；白天犹太人被允许进城做工干活，一到傍晚就被驱赶出城。18 世纪以前，犹太人是不能拥有土地的，因此很多人被迫经商，甚至干起高利贷的营生，这不可能不招致基督徒的怨恨和仇视。但那时犹太人远非今天这样多为优秀的脑力工作者，而是要么做点小生意，要么是工匠或其他体力劳动者，《威尼斯商人》中的放贷者形象夏洛克绝非典型。在中世纪后期，对犹太人的歧视和迫害较罗马帝国时代及中世纪前期更是大大升级：如有天灾，一定是犹太人诅咒的结果；如有瘟疫，一定是犹太人阴谋所致；如有人被谋杀，凶手一定是犹太人。在十字军运动中，十字军暴徒不仅万里迢迢去攻打屠杀东方巴勒斯坦的阿拉伯人、犹太人，还暴力袭击身边的犹太人，很多犹太人聚居点即隔土被完全摧毁。尤需注意的是 13 世纪英王爱德华一世的犹太人政策。他不仅用重税盘剥英国的犹太人，而且动辄撕毁与其签订的保护协议，甚至将其驱逐出境，悉数没收其不动产和大部分动产。事实上，在整个中世纪，英国政府都向犹太人任意征税，而犹太人为了自己的人身安全和信教自由等，不得不高价向英国国王购买特许自治权。

好在欧洲经济在发展，社会在进步，及至启蒙运动，提倡宗教宽容、民族平等的思潮开始占据主导地位，及至法国大革命，更是提出了"自由、平等、博爱"的口号。从那时起，犹太人的日子一天天好过起来，聚集在他们身上被压抑已久的巨大能量开始得到释放，一个又一个犹太名人脱颖而出。正是在这种情况下，犹太人甚至开始皈依基督教。一般认为，马克思是犹太人，但是他父亲一代在 19 世纪初便已皈依了基督新教。不信犹太教的"犹太人"还是犹太人吗？这说明了什么？说明在启蒙运动宗教宽容和自由平等理念的影响下，随着社会环境的改善，犹太人第一次能或多或少融入主流社会，即使不是完全当家作主，至少寄人篱下的感觉不那么强了。

尽管 18 世纪以后犹太人的处境有极大的改善，但地区差异仍然很大。由于中东欧经济和社会发展程度明显低于西欧，因此在那里，启蒙思想并不像在英法那样深入人心，所以中东欧的人们对犹太人的接纳程度明显低于英法。在经济状况不好的时候，中东欧国家犹太人的处境就更加不妙。事实上，从 20 世纪初至第二次世界大战，中东欧各国对犹太人的歧视和迫害仍然非常严重。二战期间，600 万犹太人被屠杀。这是纳粹德国有计划、有步骤的灭绝行动。可是冰冻三尺非一日之寒，屠杀事件背后是仍然歧视迫害犹太人的总体社会氛围，更是当时整个中东欧尤其是德国的反犹思潮和排犹活动。但需注意，尽管中东欧出现了反犹逆流，从整个欧洲看，启蒙观念仍是主流。

也许因为启蒙运动期间及之后才大规模移居美国，美国犹太人所遭受的歧视明显少于欧洲犹太人，更遑论大屠杀了。美国是"新世界"，旧传统、旧观念、旧习俗的影响相对较小，因而 300 年来，犹太人在这里由弱渐强，枝繁叶茂。今天，他们占总人口比例仅 2.3%，但是对当地产生的影响之大，或只有东南亚华人能够比拟。正走向世界的中国人会发现，在常青藤名校中，有太多犹太人任教；美国人写的书，很大比例是从犹太人的立场写的，因为作者中很多人是犹太人。犹太人的实力太强大，不仅在金融界、实业界如此，在传媒界、演艺界、科技界和学术界也如此，甚至在政界同样如此。克林顿内阁中有 6 人是犹太人，如国务卿奥尔布赖特、国防部长科恩、财政部长鲁宾等。在乔治·布什时期的美国国会，众议院共有 27

名犹太议员，占比达 6%，参议院竟有 10 名犹太议员，占比高达 10%。所以有人说，外界能够听到的所谓"美国"声音，很大程度上是犹太人的声音。

三、犹太信仰文化的亚兰语渊源

全球化时代的人们如若关注民族间的关系，一定会注意到一个事实：尽管古希伯来语是《旧约》圣经的主要书写语言，是现在犹太人的宗教语言，尽管在 20 世纪后半叶，尤其是以色列复国以后，基于古希伯来语的现代希伯来语逐渐取代阿拉伯语和意第绪语等，成为世界上很多犹太人的口头语，以色列更是将希伯来语定为与阿拉伯语并列的官方语言，但是在之前的 2500 年中，全世界犹太人竟没有自己统一的民族语言。与其他有着辉煌历史的古代民族如苏美尔人、希腊人、中国人、印度人和阿拉伯人等相比，唯独犹太人没有自己统一的民族语言。历史上，英美人、法国人、德国人有英语、法语和德语，犹太人没有自己统一的民族语言。那么他们究竟使用什么语言？

之所以没有自己统一的民族语言，是因为犹太人入乡随俗，讲当地语言，不断发展出一些祖先语言与当地语言的混合语，例如德奥犹太语（意第绪语）、阿拉伯犹太语、格鲁吉亚犹太语等。西班牙犹太人中流行其祖先语言与当地语的混合语犹太西班牙语，中欧和东欧的犹太人中流行影响非常大的意第绪语（希伯来语、亚兰语和德语、斯拉夫语的混合语）。尤其令人惊讶的是，印度马拉巴海岸的犹太人讲所谓马拉巴意第绪语——一种古希伯来语、泰米尔语与西班牙语、荷兰语、英语的混合语。

实际上，自历史晨曦初露之时，犹太人便不断灵活地放弃祖先语言，转而采用居住地的主流语言。如在巴比伦之囚时代，犹太人就放弃希伯来语，操起了西亚通用语亚兰语，甚至回归家园后仍讲亚兰语。再如，在"希腊化"时代，移居希腊城市的犹太人又灵活地放弃母语，操起了希腊语。继承了犹太信仰文化的基督教，其核心经典《新约》便是用希腊语写成的。

看似极其重视自身文化传统的犹太人，为什么竟一再放弃祖先的语言？答案并不简单。首先，禁足巴比伦时，犹太人放弃希伯来语后采用的语言是亚兰语。后者本为其先祖亚伯拉罕部族的语言，该部族迁徙到迦南后，才采用了迦南语，即同为闪米特语西北语支的迦南闪语。希伯来语就是迦南闪语的一个分支。其次，希伯来语和亚兰语是近亲，都属于闪米特语的西北语支，故严格讲不算是犹太人放弃母语。这两种语言当时是关系极近的亲戚。在历史早期，现巴勒斯坦、叙利亚一带的闪人所讲的各种西北闪语还没有发生太大分化，即便已有不少差异，相互间的语言学距离仍不大，当时讲腓尼基语、希伯来语、乌加利特语等西北闪语的人们较大程度上是能彼此交流的。乌加利特出土的泥板文献中很多是用腓尼基语写成的葬丧和纪念性文字，基本语法和词汇与其他西北闪语相同，任何熟悉古希伯来语者都懂得这种语言。后来，西北闪语各分支发生了较大分化，讲这些闪语的族群间的交流变得困难起来。耶稣给家乡同胞做礼拜，诵读希伯来文经典，就得把古希伯来语翻译成亚兰语，因为听众是普通犹太人，已不懂古希伯来语。

也不妨讲讲亚兰语本身的故事。如果说早在公元前2000年左右，两河流域一带讲亚兰语的闪族人便开始迁往西北方向的迦南，那么从公元前12世纪开始，更多亚兰人迁入叙利亚地方即现巴勒斯坦、叙利亚、约旦一带，也迁居到现伊拉克和东土耳其等地。随着亚兰人人口逐渐增长，亚兰语逐渐成为这一广大区域尤其是叙利亚的主流语言。应当注意，古代西亚历史为闪族所主导，而闪族非常好战，建立了大帝国的民族大多是闪族，如阿卡德人、亚摩利人、亚述人和迦勒底人。而同为闪族的亚兰人却是例外，他们不喜欢战争，和平渗入叙利亚世界以及伊拉克东土耳其一带，老老实实从事农业、贸易和手工业活动，慢慢繁衍起来。渐渐地，亚兰语扩散到现中东大多数地方，还被带入北非、欧洲、印度和中国。公元前7世纪至公元前6世纪，亚兰人如此之多，其语言已成为事实上的西亚通用语。亚述征服诸亚兰人城邦后，为方便管理，把亚兰语用作行政语言。新巴比伦帝国、波斯帝国、罗马帝国同样把亚兰语用作官方语言。直到阿拉伯语兴起后，亚兰语的统治地位才彻底终结。

但犹太信仰文化不可能无中生有，必得有一种深宏的物质和精神基质。事实上，它只是西亚北非文明这棵参天大树上一根粗壮的枝条。如果说它的兴起必得有某种深厚的物质和精神子宫，它何尝不需要一个语言文化子宫？很大程度上，亚兰语就是其语言文化子宫。正是在巴比伦之囚期间，即以色列人放弃希伯来语采用亚兰语时，其不严格的一神崇拜最终转型成为严格的唯一神信仰，从前那种夹杂着偶像崇拜的一神崇拜终于转变为只信仰独一神耶和华并杜绝别神崇拜的严格模式。犹太教之所以深刻影响了整个西亚北非乃至欧洲，严格的唯一神信仰是最关键因素。可即便这种信仰，也绝非只是在希伯来语言文化环境中成长起来的，被囚巴比伦时犹太人转而采用的亚兰语也作出了重要的贡献。

在圣经《旧约》的开篇句"起初，神创造天地"中不难发现，在一个至为关键的概念上，希伯来语与亚兰语及其他闪语是一致的。这种一致性如此之强，以至于相近的西北闪语很大程度可视为同一种语言。这里，"神"在希伯来语原文中是Elohim，即El（"令人敬畏的神"）或Eloah的复数形式。值得注意的是，"神"的这一名字在圣经《旧约》中总共出现了2570次之多；在亚兰语中，相当于El的神是Elah，与El同词根，发音几乎一致，语义也相同。圣经《旧约》虽主要用希伯来文写成，但某些后期经卷是用亚兰语写的。

　　既然亚兰语在长达一千多年中是西亚通用语，可得出以下结论：这种语言中的 Elah 崇拜是古代西亚普遍存在的一种主神崇拜。巴比伦之囚以前，以色列人的宗教与其他闪族的信仰形态并无本质区别，严格唯一神崇拜远未定型，否则无法解释为何圣经《旧约》的开篇句子"起初，神创造天地"中的"神"Elohim 是复数，即不止一个神参与创世。既然主神崇拜与非严格的一神崇拜差别不大，则以色列人之所以能够超越其他闪族，是因为他们跨出了关键的一步：其主神崇拜达到了一个临界点，发生了质的变化，从而扬弃了之前不严格的崇拜模式，进入真正的唯一神信仰模式。考虑到希伯来语与其他西北闪语是近亲，耶稣和普通犹太人日常交流所用语言是亚兰语，更考虑到阿拉伯语里表示真主的 Alah 一词与 Elah 和 El 发音相似，语义相近，完全可以得出这一结论：犹太人从不严格的一神崇拜所率先开出的唯一神信仰具有亚兰语渊源，巴勒斯坦、叙利亚地方乃至整个古代西亚有着地理、语言、习俗和宗教形态上的连续性、一致性、同源性和同质性。

印度魅影

一、你所不知道的印度

当下，国内外的人们常常把印度和中国相提并论。其实，印度和中国除了都是文明古国，都是人口大国，都是发展中国家，在其他方面实在是大不相同的。这些不同对中国人来说常常是难以想象的，甚至是令人震惊的。

就国土面积而言，印度看似不到中国的三分之一，比沙特阿拉伯大一点，但其土地多为可耕地。一个鲜为人知却非常重要的事实是，印度人均可耕地面积是中国的两倍！再加印度地处热带和亚热带，阳光充足，降雨充沛，粮食作物可一年两熟甚至三熟，所以目前人口已超过 13 亿。

再看看印度的民族状况。由于地理和气候原因，印度历史上部族众多，土邦林立，因此迄于今日仍有大量民族存在。尤需注意的是，印度不像中国，有一个主导民族在数量上占绝对优势。印度斯坦族固然是印度第一大民族，约有 5 亿，占总人口比例约 45%，但仍远少于中国汉族所占的总人口比例即 93%。此外，人口在 5000 万以上的民族还有五个：泰鲁古族（占比约 8.2%）、孟加拉族（7.8%）、马拉塔族（7.5%）、泰米尔族（6.8%）、古吉拉特族（5%）。人口在 1000 万至 5000 万之间的民族还有卡纳达族（4.1%）、马拉雅拉姆族（3.9%）、奥里雅族（3.5%）、旁遮普族（2.8%）、阿萨姆族（1.6%）。这 11 个民族均为主要民族，不可简单地以"少数民族"概念来比附。此外，还有诸多社会发展程度较低的原始居民、森林部族或山区部族。对于他们，印度宪法使用"表列部族"之统一称谓。根据 1991 年的一项人口普查，印度表列部族人口总数约 6780 万。民族众多，其中十几个是强势民族，印度完全可能像欧洲那样分裂为多个民族国家，最后竟能统一起来，是一个很值得思考的现象。

与民族构成相比，印度语言之多样、格局之复杂同样令人眼花缭乱。据 1920 年代英国语言学家 G.A. 格里尔森所作的一项统计，印度共有 179 种语言和 544 种方言；而据 1961 年印度政府进行的一项人口普查，登记为母语的语言竟高达 1652 种！这些语言分属印欧、达罗毗荼、南亚和汉藏四大语系。使用印欧语言的人口最多，大约占总人口的 72%。其次是使用各种达罗毗荼语言的人口，大约为 25%。使用印地语（属于印欧语系和印度语族）的人口虽居首位，但仅占总人口的30%，远低于汉语人口占总人口的95%以上。其他使用人口在5%以上的语种还有孟加拉语、泰鲁古语、泰米尔语、乌尔都语等。不难想象，各种主要语言下边还有众多方言，更不用说诸多使用人口在100万人以下的小语种了。

由于印度语言种类复繁、数量众多，又没有任何一种语言取得了毫无争议的全国通用语地位，因此1962年通过了一项国家法律，规定印地语为国语，同时承认另外14种语言为各相关邦的官方语言，英语则为印地语的辅助语。语言情况繁杂，导致了一种司空见惯、让人大跌眼镜的情形：许多印度家庭不得不使用两三种语言。甚至有研究称，随机挑出任何两个印度人，其共有母语的概率小于20%。所以，印度人不得不跟同胞们讲英语。英语既已成为印度的通用语、普通话，很难说对印度人的民族自信心不是一种伤害。

印度文字的情形也极其复杂，用匪夷所思来形容一点也不为过。由于近代之前从未有过长时期、高效力的政治统一，历史上的印度从未出现过类似于秦汉大一统之后的"书同文"的局面。如果真出现了类似的局面，也是因为殖民时代及之后的英语因素，以及1947年独立后印度政府把印地语提升到国语的地位（对此，不以印地语为母语的印度人一直耿耿于怀）。事实上，孟加拉语用一种梵文天城体变体的民族字母来书写；泰米尔语有格兰塔字母和瓦蒂卢图字母两种书写形式；克什米尔语竟同时有波斯字母、萨拉达字母和梵文天城体字母三种书写形式。对有着"书同文"传统的中国人来说，这是很难想象的。

多种语言文字意味着印度存在多个文学传统，其中必然有强势的"地方"传统。有着世界性影响的诗人泰戈尔虽主要用英语创作，但使其巨大文学成就成为可能的，却主要是孟加拉语文学传统，而非印地语、泰鲁古语或泰米尔语等文学传统。语言文字的多样性意味着文化的丰富性，这又必然对印度的现代文化格局产生重要影响。印度之所以成为世界上最大的电影生产国（不以票房论英雄，其生产的电影数量最多），在极大程度上是因为它得用不同的语言拍属于不同文化的片子，以满足多民族、多语言和多文化背景的印度人的需要。

印度宗教情况同样非常复杂。99%的印度人信奉当今世界七大宗教。如果按信教人口排序，则排第一位的是印度教，第二位是伊斯兰教。印度穆斯林在总人口中占比约12%。实际上，印度是世界上穆斯林人口最多的国家之一。穆斯林在印度虽为数不少，却在任何一个邦都不占主导地位。这一定程度上解释了为什么近百年来印度总是教派冲突不断，有时候甚至是大规模流血冲突。1992年印度教狂热分子捣毁阿约迪亚的巴布里清真寺（建于16世纪的著名的清真寺），便是震惊世界的宗教暴力事件。除了印度教徒和穆斯林外，印度锡克教徒约占总人口的2%，基督教徒约占2.3%，佛教徒约占0.8%，耆那教约占0.4%。印巴1998年相继进行核试验后，与教派冲突纠缠在一起的克什米尔问题，就不仅仅是民族宗教冲突，而是可能导致核战争的大火药桶。

最后还有众所周知的种姓问题。印度社会一直存在壁垒森严的四大种姓，即婆罗门、刹帝利、吠舍和首陀罗。在四大种姓之内，又有数以千计的亚种性；四大种姓之外，更有不可接触者——被排除在种姓体系之外的贱民。历史上，贱民地位太低，连拥有种姓的资格也没有，尽管近几十年来其相对地位已有了很大提升。

以上都是印度所独有、其他国家所没有的问题。其他发展中国家通常存在的问题，如经济欠发达、教育水平低下、阶级冲突、贫富分化、环境污染，印度不仅都有，而且有过之而无不及。这些统统都不利于社会整合、民族团结和国家统一。

但印度固然有诸多分裂因素，却不乏有利于国家统一、社会整合的先天条件，其中最为关键的无疑是，它享有一个适合农耕的巨大陆地板块，以及建基其上的文化一致性和巨量的人口规模。[1] 由于这些缘故，历史上的印度大多数时候虽然缺乏有效的政治整合，可是一旦机会来临，就会建立起大致统一的国家，如孔雀帝国、德里苏丹国、莫卧儿帝国等。现代印度不仅政治上大体统一，更建立起了一个大致完整的独立的工业体系。这实在是一个奇迹。从全球治理的角度看，一个统一程度虽不如美国却明显超过欧盟的印度，显然是件大好事。假如印度以语言民族划界，分治为 14 个国家，那将是何等一番景象？世界会陡然多出 14 个主要国家，全球治理的难度定将大大增加。

---

[1] 参见"释义"部分"人口规模"条目。

二、印度的种姓

　　说到印度，难免想到种姓制度（Varna）。19 世纪末以来，印度种姓制度虽然一直受到现代自由、平等理念的冲击，但是晚至 21 世纪初，75% 的印度人仍然生活在种姓制度尚被触动的农村，种姓制度的阴暗面只是在城市才得到曝光[1]，并一定程度上受到了动摇。事实上，印度社会自古以来一直存在从高到低的四大种姓，即婆罗门、刹帝利、吠舍和首陀罗。

　　四大种姓的地位与他们所从事的职业紧密挂钩。第一等级的种姓是婆罗门，主要为僧侣贵族，拥有解释宗教经典、主持宗教仪式的特权以及相应政治权力。第二等级是刹帝利，主要为军事和行政贵族，拥有征收赋税的特权。第三等级是吠舍，为雅利安人中的自由平民，从事农、牧、渔等行当，以布施和纳税的方式供养前两个等级。第四等级是首陀罗，其中绝大多数为被征服的土著居民，属于非雅利安人，从事渔猎、重体力劳动或其他低贱的劳动。除四大种姓以外，还有"不可接触者"，即被排除在四大种姓之外，没有资格拥有种姓的贱民。

---

[1]　迪特·森格哈斯，《文明内部的冲突与世界秩序》（张文武译），北京：新华出版社 2004 年，第 97 页。

印度的种姓不仅是一种等级森严的社会制度安排，也是以婆罗门为中心，划分出诸多基于职业的排他性的内婚制群体。所谓内婚制，就是属于一个种姓的人只能在该种姓内部与同种姓的人通婚，与种姓外的人结婚则犯了大忌，在很多情况下会受到极为严厉的惩罚。尽管某些情况下也会有一些变通，如高种姓男士可以娶低种姓女士为妻，但反过来却不行。高种姓女士更绝对不可以嫁给低种姓男士。如果高种姓女士这么做，后果将极为严重，其整个家族都会觉得蒙受了奇耻大辱，将会与她断绝一切往来。

但印度社会最严重的歧视却并非发生在高种姓与低种姓之间，而是发生在有种姓者与无种姓者即贱民之间。传统上，贱民干最累最脏的活，如打搬运货物、打扫厕所、清除垃圾、处理尸体等，所以较高种姓的人们与他们是隔离居住的。比方说，贱民被禁止进入神庙，也不得从村庄的公用水井里汲水，甚至他们的影子也被禁止触碰有种姓者；一个高种姓者如果不巧遇到一个贱民，就得举行避邪消灾的净化仪式。从前，贱民到茶馆饮茶必须自带饮具；如果把谷物等东西搬运到高种姓者家里，后者便会认为其所经过的地方已经被污染了，就会在地上洒水，举行净化仪式，仿佛与贱民接触时间长得多的谷物本身根本是不会受到其污染似的；自从圣雄甘地吸收现代理念，把贱民称之为"神的儿子"，在印度发动平等对待贱民的社会运动以来，情况已有较大的改观，但远不能说种姓歧视已被根除。

需特别注意的是，所谓四大种姓只是一个极其粗略的划分。在各个种姓之下，还有成百上千个亚种姓，而每个亚种姓下面还可以进一步划分出若干亚－亚种姓。若非专业研究人员，作为外国人，要记住林林总总的亚种姓或亚亚种姓的名称，是极困难的，也没有这个必要。但如果只要想有个大致的了解，不妨读一读马克斯·韦伯近百年以前完成的研究《印度的宗教——印度教与佛教》。

同印度社会相比较，中国社会历来更为平等，再加上受近代以来西方民主、平等、自由思想的影响，所以谈到印度种姓制度，我们会认为，那不仅是不合理的，甚至是不可理喻、非人性的。可是必须看到，各大文明中并不是只有印度才有种姓之类的社会现象，只不过印度人把这种制度宗教化、仪式化、极端化罢了。实际上，古埃及也曾有过与印度相近的种姓制度，大约有七大种姓，划分的方法也与印度相似。如印度的最高种姓婆罗门是僧侣祭司，埃及的最高种姓也是祭司；再如印度有刹帝利即武士种姓，埃及也有一个武士种姓；除此之外，埃及像印度那样，也有商人、工匠、农人种姓。

如果我们能不那么拘泥于严格的种姓概念，而是把眼光扩大到类似的社会现象，便不难发现，任何文明里都可能存在与印度种姓类似的习俗或制度。近代以前，西方社会阶级之间壁垒森严，是不可逾越的。西方历史上的阶级可谓泾渭分明，不可逾越，贵族就是贵族（里面又分为很多等级），市民就是市民，农奴就是农奴，分得清清楚楚，毫不含糊，直到近现代资产阶级兴起，平等思潮和民主运动风起云涌，才逐渐瓦解。相比之下，中国西周至东周虽也有过类似的贵族制，但早在春秋时代，贵族制度即开始瓦解。至秦汉大一统时代，皇帝与贵族之间有了结构性矛盾，皇帝总的说来倾向于依靠、扶持平民以遏制、打压贵族，所以贵族制度难以为继（南北至隋唐按门第等级区别士族与庶族的社会政治地位的门阀制度可以视为一种准贵族制度，但毕竟很不"正宗"），到了宋朝时更近乎完全消失了。

三、佛教：中华文明的印度元素

如我们所知，中华文明在根本性上对其他文明的态度并非排斥，而是开放、接纳的。历史上中华文明具有包容性，其包容性之强，明显超过启蒙运动前的欧洲。这种包容性的一个最突出例子便是佛教进入中国后，中华文明通过佛教对印度文明的深度吸纳。相比之下，启蒙运动之前的欧洲对于基督教以外的其他宗教，如伊斯兰教、犹太教，一概是敌视的。

我们可能会以为，佛教像道家和儒家那样，只是一种精神或信仰形态而已。这种认识有很大的局限性。因为佛教背后不仅仅是一种迥然不同于儒家、道家、基督教或伊斯兰教的信仰形态，更是整个印度文明。随这种信仰形态在两汉之际进入中土的，不光是它的思维方式、组织形态、建筑和艺术样式，还有一整套"原产"于印度的价值观，这些价值观不仅包含在佛教思想中，也能在随佛教传入中国的一些印度故事中找到。甚至某些家喻户晓的中国故事也极可能源自印度，比如《西游记》中的猴王孙悟空，与印度古代经典《罗摩衍那》中的神猴哈奴曼有诸多相似之处，可以说是后者作为一个人物原型传入中国后，被中国化被改造升级后，成为一个勇敢无畏、忠于事业、生动活泼的可爱的文学形象。

我们不太注意的是，佛教传入中土、佛教经典之翻译成汉语，对中国语言产生了极深刻的影响。如刹那、心境、境界、报应、大千世界、因果、红尘、大慈大悲、大彻大悟、世界、实际、平等、现在、忏悔、缘分、情缘等等，原本都是佛教用语，现在却已堂而皇之为汉语的"正宗"组成部分。诸如自觉、真理、自由自在、自作自受、不知不觉、不可思议、一刀两断、心花怒放，甚至奇特、苦恼、转变等观念跟我们的思维和生活结合得如此紧密，以至于我们会觉得它们从来就是"正宗"的汉语，以至于完全忘记了其印度渊源。

最让人惊讶的是，甚至"翻译"这个词也来自佛教。先秦典籍中虽有"译"的概念，但"翻"和"翻译"的广泛运用却发生在佛教进入中国以后，翻译事业异常繁荣兴盛之际。南北朝时梁朝的慧皎《高僧传·译经下》中其中首次出现"翻译"这个词，亦即首次把"翻"和"译"连起来使用。从语言影响思维的角度来看，佛教思想和概念的输入实际上使汉语变得更为精密，使汉语的表达能力更强，也使汉语的逻辑性得到了加强。实际上，佛教思想明显提高了中国人的抽象思维能力和逻辑思维能力，只是我们没能意识到罢了。

随着中华文明对佛教文化的不断消化和吸收，达到一定程度后，这种外来的文化就会和本土价值观发生一种深度的融合。这种情形是在唐宋时期发生的。宋代以降，更有宋明理学的崛起，而宋明理学是在佛教深深扎根中国以后，儒家方面为了对其挑战做出回应，吸收利用佛教（及道教）哲学思想中诸多有益成分而形成的一种新的中国哲学形态。事实上，宋明理学现在被公认为是一种儒佛道三家合一的精神或信仰形态。

从文学方面看，如果中华文明没有吸纳佛教的理念，我们所熟悉的一些文学经典是不可能产生的。众所周知，王维的诗歌里有一种闲适恬淡的意境，朴拙内敛的风格。如"人闲桂花落，夜静春山空；月出惊山鸟，时鸣春涧中"（《鸟鸣涧》）。再如"晚年惟好静，万事不关心。自顾无长策，空知返旧林。松风吹解带，山月照弹琴。君问穷通理，渔歌入浦深"（《酬张少府》）。但假如没有儒家对佛教思想的包容和接纳，这种自然、质朴、空灵的诗歌是不可能产生的。王维诗歌代表了中国文学在吸收佛教哲学之后所达到的一个新的艺术高度。而苏轼诗词所能达到的高度或者境界，更是唐宋之前的中国诗歌所根本没法想象的。苏轼对佛教的参悟，在他的诗歌创作有更直白的反映，如"是身如虚空，万物皆我储"（《赠袁陟》）；再如"道人胸中水镜清，万象起灭无形"（《次韵僧潜见赠》）。也许，较为"纯粹"的佛教信仰者会认为苏轼只是"玩佛"，对佛教的信仰并不那么真诚，但这在某种意义上正好表明，中国文化具有兼收并蓄外来文化的能力。苏轼无疑首先是一个士大夫、儒家信徒，但在他身上，佛教的精神气质也有淋漓尽致的表现。他更有名的一些诗词如《念奴娇·赤壁怀古》《水调歌头·明月几时有》等的雄奇豪放、大气磅礴、精深含蓄、情意绵长及形式上的完美，直至今日仍然是难以企及的高峰。

新文化运动和"五四运动"以后出现了大量模仿西方的新诗。也许，这是时代的需要，或者说有其必然性，但若论境界、艺术性、深刻性，新诗是没法和唐诗宋词相比的。但若没有中华文明对于印度文明的深度吸纳，这是否可能呢？印度精神品质毫无疑问通过佛教进入了中国人的精神世界，从而全面参与了中华文明的成长。而自鸦片战争以来，西方文明又对中华文明产生了极强烈的冲击。这是一种从器物到制度、再到精神的全面而深刻的挑战，其深度和广度明显超过了之前印度文明对中国的冲击。在西方挑战面前，中国的反应是积极、包容的，而这种积极、包容的态度又是卓有成效的。但是，若无此前印度文明精神成果被成功地嫁接到中国文化的砧板上，如果没有此前中华文明对表现为佛教的印度文明的全面包容和深度吸纳，面对西方挑战，中华文明能否有那种优良的表现，实在是一个疑问。